Altbewährter Ratgeber für Haus und Hof

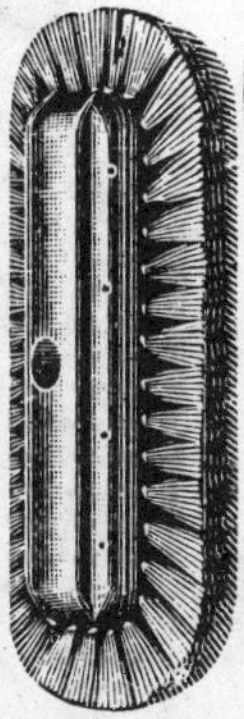

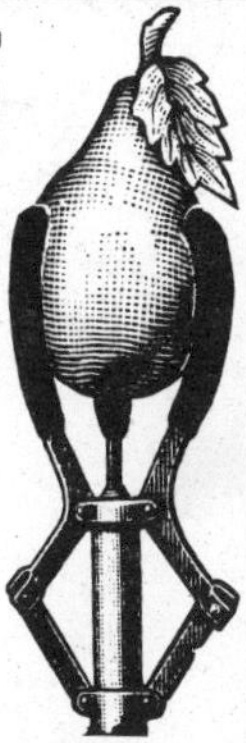

Jutta Kürtz

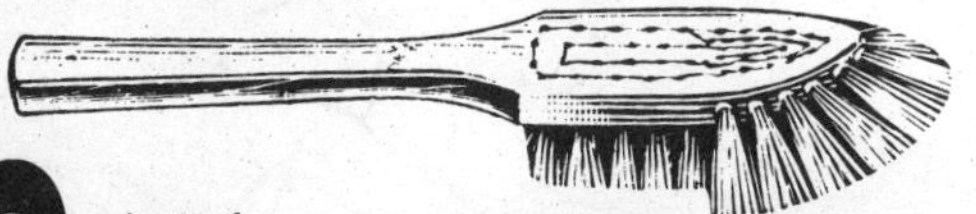

Altbewährter Ratgeber für Haus und Hof

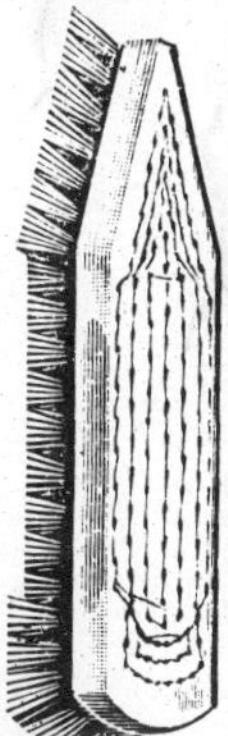

KOMET
Edition Kock

Sonderausgabe für KOMET, Frechen

Gesamtherstellung: KOMET, Frechen

Inhalt

Vorrede

Ratgeber für den Haushalt – und damit sowohl für die junge Hausfrau, als auch für den Hausherrn – gibt es seit Generationen. Bemerkenswert, was an Merkenswertem für Haus und Hof auf- und vorgeschrieben wurde! Viele gute Ratschläge, wie die mannigfache Arbeit durch Mann und Frau zu bewältigen sei. Wohlgemeinte Worte aber auch, wie Wolken vom Ehehimmel und Sorgen- bzw. Unmutsfalten von der hausherrlichen Stirn fernzuhalten seien. Und so finden sich wahre Kostbarkeiten in überlieferten Hausschätzen und Töchteralben.

Alle diese gedruckten Ratgeber – auch manch' handschriftliches Merkbüchlein – sind kulturgeschichtliche Zeugnisse. Denn mehr als manche zeitgenössische Schilderung vermögen sie darzulegen, mit welchen Mühen der hausfrauliche und hausväterliche Alltag gespickt war. Auch, welche Rolle der Hausfrau und dem Hausherrn durch die Gesellschaft zugeordnet wurden.

Diese Sammlung überlieferter Ratschläge und Anweisungen für Haus und Hof, ausgestattet mit Reproduktionen alter Abbildungen und originaler Texte, hat zweifachen Sinn: Zum einen soll diese Sammlung zum Gebrauch fast vergessener Alltags- und Haushaltsweisheiten anregen. Es gibt genügend Ratschläge, die nicht so überholt sind, daß man nicht getrost auf sie zurückgreifen sollte. Zum anderen aber soll diese Sammlung auch anregen, über die Situation vergangener Generationen nachzusinnen. So manche Empfehlung und Rezeptur wird zum Schmunzeln Anlaß geben. Auszüge aus einem Brief an die junge Hausmutter, niedergeschrieben in einem Töchteralbum, zeigen deutlich die so veränderten Zeiten auf:

„So stehst Du denn im Myrthenkranz an der Schwelle einer neuen Lebensperiode. Während der Abendsonnenglanz Deiner Kindheit Deinen ganzen Horizont in rosige Farben taucht und Dir Hoffnung auf einen schönen Morgen macht, überkommt Dich dennoch unwillkürlich das Gefühl, es werde der neue Stand Anforderungen an Dich stellen, denen Du ohne die Ratschläge einer mütterlichen Freundin vielleicht nicht so ganz genügen könntest, wie Du gerne möchtest.

Wie die aufgehende Sonne an Gottes hohem Himmel, so ist die Schönheit des guten Weibes die Zierde ihres Hauses – so sprach schon der weise Sirach. Wie die Sonne Licht und Wärme verbreitet, so sollen Deine Tugenden den Haushalt beleben und fördern. Du sollst das Herz der Familie sein, Deine Liebe der Pulsschlag des häuslichen Lebens. Und wie die Sonne geräuschlos ihre Bahnen zieht und das Leben weckt, so soll auch Dein Wirken geräuschlos sich im engen Kreise der Familie bewegen. Die beste Frau ist die, von der man am wenigsten redet.

Die häusliche Tätigkeit der Frau ist in unserer Zeit durch ungleich bessere technische Hilfsmittel erleichtert. Aber unendlich vervielfältigt sind die Anforderungen, die an die Frau gestellt werden. Seit geistige Bestrebungen mehr und mehr die Frau ergreifen, seit die Ausbildung der jungen Mädchen

Vorrede

eine vielseitigere, gründlichere und wissenschaftlichere zu werden beginnt, ist besonders die Jugend geneigt, die Bedeutung des Haushalts und das Maß der darin geforderten geistigen Arbeit zu unterschätzen.

Die Wahrheit dagegen ist, daß ein gut und umsichtig geführter Haushalt ein Staatswesen im kleinen ist und daß seine Lenkerin in ihrer Person das Finanz- und Kultusministerium vereinigt, wozu auch noch hie und da das Amt des Strategen und ein gut Stück Volkswirtschaft tritt. Immerhin ansehnliche Pflichten und Würden, die den ganzen Menschen beanspruchen. Und dabei soll sie zuallererst Hausfrau, Gattin und Mutter sein.

Befleißige Dich in allem der Sparsamkeit! Der Fleiß Deines Mannes ist die Voraussetzung für Deine Arbeit. Du aber mußt durch Deine Sparsamkeit die Butter zum Brot, das Fleisch in den Topf schaffen. Verschwenderisches Haushalten, leichtsinniges Geldausgeben von Deiner Seite wäre Diebstahl am Wohlstand des Hauses und Raub am sauer erworbenen Verdienst Deines Mannes.

Wenn das gesamte Hauswesen recht gut besorgt werden soll, so gibt es der Geschäfte genug. Denke immer daran: Eine rauhe Arbeitshand ist für eine Hausfrau ein schönerer Schmuck als goldene Ketten. Liebe Deine Arbeit, welche die Hände rauh, aber die Seele froh und heiter macht. Fleiß sei Dein tägliches Losungswort. Rege Arme und Hände zu rastlosem Schaffen und gebrauche bei der Arbeit auch stets Deinen Verstand.

Vorrede

Schließlich denke an das Wort von der Sonne. Denke daran, daß die Sonne sich nicht entmutigen läßt, von neuem Leben und Wärme zu spenden, wenn auch ein Unwetter oder des Winters Frost alles zerstört. Laß auch Du Dich nicht entmutigen durch Mißerfolg. Die Liebe überwindet alles.“

Autorin und Verlag wünschen für die folgenden Kapitel die nötige Muße und auch die Geduld, nachfolgende überlieferte Ratschläge und Rezepturen anzuwenden.

Autorin und Herausgeber

Allerlei nützliche Ratschläge und Anweisungen

Lebensmittel zu behandeln

Die Behandlung der Lebensmittel ist immer schon ein Kernpunkt im hausfraulichen Leben gewesen – besonders in Zeiten, als die Konservierung ein zentrales Problem darstellte. Was man wie aufbewahrte, was man wie wieder auffrischte – das machte schon rechte Sorge. Das spiegelt sich in allen alten Haushaltsbüchern und -ratgebern wieder. Den eigentlichen „Stellenwert" der hausfraulichen Tätigkeit haben die Schreiber dabei wohl erkannt. Aber die Hausfrau selbst war sich dessen nicht so sicher, das beweisen die fast beschwörenden Worte der folgenden Anleitung:

„Der Hauptgrund, weshalb unsere hauswirtschaftliche Tätigkeit oft so wenig Reiz für die gebildete Frau hat, liegt darin, daß dieselbe als eine rein äußerliche Fertigkeit aufgefaßt wird, welche in kürzester Zeit erlernt werden kann.
Daß dem nicht so ist, davon kann man sich in so mancher Haushaltung täglich überzeugen.
Die ‚Wissenschaft', die sich mit dem Aufbau des menschlichen Körpers, mit den Gesetzen, nach denen er ernährt werden soll, mit den Vorgängen, die sich täglich in der menschlichen ‚Restaurations-Anstalt', ‚Küche' genannt, abspielen, ist keineswegs von so untergeordneter Bedeutung, wie man gewöhnlich glaubt. Sprechen doch viele allen Ernstes nicht nur von einer Koch-Wissenschaft, sondern von einer Koch-Kunst. Und braucht auch letztere nicht jeder praktischen Frau eigen zu sein, so kann man doch verlangen, daß eine Frau, die Anspruch auf das Prädikat ‚gebildet' haben will, die Koch-Wissenschaft genauso gut wie Literatur, Physik und fremde Sprachen studiert habe.

Denjenigen Frauen muß man dabei Lob und Anerkennung zollen, welche es sich angelegen sein lassen, im Haushalte nicht nur für den anderen Tag, sondern auf Monate hinaus, im Sommer und Herbst für den folgenden Winter und umgekehrt im Winter für den Sommer zu sorgen. Konservieren nennt man gemeinhin diese Tätigkeit – also erhalten.
Der Frau als Erhalterin der Lebensgüter fällt recht eigentlich die Aufgabe zu, den Überfluß der einen Jahreszeit für den Mangel der anderen aufzubewahren: Dem Winter mit einem gefüllten Einmachregal und wohlbestellten Obst- und Gemüse-Keller gleichermaßen wohlgerüstet entgegenzusehen, wie dem Sommer mit einer reich versehenen Räucherkammer."

Fig. 1 Neuartiger Eisschrank bestehend aus zwei Kühlräumen links und rechts und dem Eisbehälter in der Mitte. Wände und Innentüren sind mit Glas ausgekleidet, der Eiskasten und die Rosten bestehen aus emailliertem Eisen.

***Die Aufbewahrung von Nahrungsmitteln** über längere Zeit erfordert eine besondere Sorgfalt. Man kann Nahrungsmittel gegen Zutritt von Luft, Wärme und Feuchtigkeit schützen,*

- *indem man die Gefäße luftdicht verschließt,*
- *oder die Oberfläche der Speisen mit luftabhaltenden Körpern, wie Fett, Öl, Butter, Schmalz, Alkohol überzieht,*
- *oder sie vollständig mit Sand, Asche, Kleie, Sägespänen, Häcksel umgibt,*
- *oder sie trocknet, dörrt, einmacht, einsäuert, mariniert, einsalzt, räuchert*
- *oder in Eisschränke stellt.*

***Kühlen ohne Eis** ist auch an heißen Tagen möglich: Man löst in einer Schüssel eine Handvoll Salz und eine Handvoll Waschblau auf und stellt die Speisen dort hinein.*
Getränke in Flaschen wickelt man in eine nasse Serviette und setzt sie Zugluft aus. Von Zeit zu Zeit begießt man sie mit frischem Wasser.

Eier halten sich jahrelang frisch,

- *wenn man sie in nicht zu dünnes Kalkwasser taucht und ohne Abwischen trocknen läßt,*
- *wenn man sie in Leinöl taucht,*
- *wenn man sie in eine auf 38 Grad Celsius erwärmte konzentrierte Wasserglaslösung* taucht, gut abtrocknet und auf einem hölzernen Rost lagert.*

***Eidotter kann man tagelang aufbewahren**, indem man kaltes Wasser darübergießt und das Gefäß an einen kühlen Ort stellt.*

**Wasserglaslösung erhält man in der Drogerie oder Apotheke.*

Ob Eier frisch sind, *prüft man folgendermaßen: Man bereitet eine Kochsalzlösung aus 1 Liter Wasser und 120 g Salz zu. Ist das Ei frisch, so sinkt es sofort, geht es nur halb unter, so ist es 1 bis 2 Tage alt. Nach drei Tagen schwimmt es obenauf.*

Eier kann man ohne Feuer kochen, *z.B. auf Wanderungen, wenn man ein Stück ungelöschten Kalk in Wasser legt und die Eier dazu. Die Eier brauchen etwa 6 Minuten.*

Angeschlagene Eier *lassen sich trotzdem kochen, wenn man sie fest mit Seidenpapier umwickelt.*

Schönen Schnee gibt es, *wenn man dem Eiweiß beim Schlagen eine Prise Salz beigibt.*

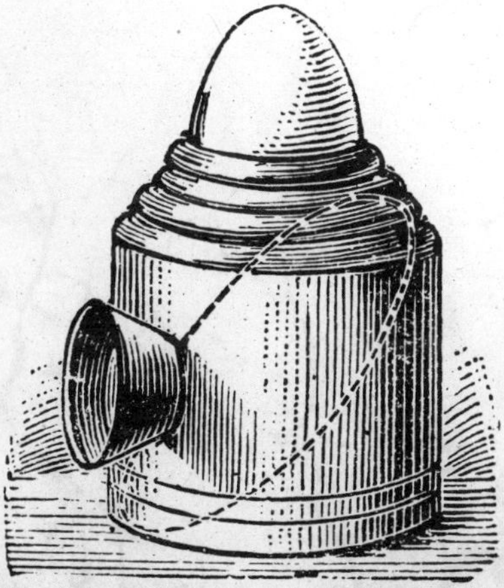

Fig. 2 Praktischer Eierprüfer aus bronziertem Kupfer, oben mit Öffnung zum Einsetzen des zu prüfenden Eies, an der Seite das Guckloch und im Inneren ein schräg gestellter Spiegel. Das Licht fällt von oben durch das Ei und wird durch den Spiegel zum Guckloch hin reflektiert. Die guten Eier erscheinen in hellgelbem Licht, die schlechten dunkel oder schwarz.

Milch wird nicht sauer, *wenn man sofort nach dem Melken etwas Natron unterrührt.*

Geronnene Milch *kocht man mit wenigen Tropfen Weinsteinöl auf oder mit einer Messerspitze Pottasche.*

Gepanschte Milch *erkennt man sofort, wenn man die Stecknadelprobe macht. Bleibt etwas Milch an der Spitze hängen, so ist sie ungewässert.*

Milchgefäße säuern nicht, *wenn man sie einmal in der Woche mit rohen Kartoffeln auskocht.*

Milch kann beim Kochen nicht überlaufen, *wenn man den Topfrand mit Butter bestreicht.*

Frische Kuhmilch auf ein halbes Jahr haltbar zu machen:
Die Milch wird durch einen Trichter gleich in gläserne Flaschen gemolken und diese dann zugekorkt, damit der gewisse Geist, der schon nach einer halben Stunde entweichen würde, in der Milch erhalten werde.
Dann umwickelt man die Flaschen mit Stroh, setzt sie in einen großen Kessel, so daß die Flaschen feststehen und sich nicht berühren; füllt diesen zur Hälfte mit kaltem Wasser, setzt ihn auf ein Feuer und läßt das Wasser bis nahe ans Kochen, jedoch nicht bis zum Kochen selbst, kommen. Dieses kann am besten durch ein Thermometer ausgemittelt werden, das etwa 80 Grad Celsius anzeigen sollte.
Dann nimmt man den Kessel vom Feuer und läßt die Flaschen darin stehen bis sie und das Wasser völlig erkaltet sind, worauf man sie verpicht.
Diese Methode ist besonders Leuten, die eine Seereise machen wollen, sehr zu empfehlen.

Fig. 3 Neuzeitlicher Milchkocher, bei dem ein Anbrennen der Milch ausgeschlossen ist und ein Überlaufen durch die Konstruktion des Deckels namentlich durch die Öffnung in der Mitte vermieden werden kann.

Aus ranziger Butter macht man frische Butter, *indem man 1 Gramm Pottasche mit je 1 Kilogramm Butter durchknetet. Dabei bildet sich buttersaures Kali, zu dessen Entfernung die Butter so lange mit reinem Wasser ausgewaschen werden muß, bis sich ein Streifen Kurkumapapier (in jeder Apotheke erhältlich) in das Waschwasser getaucht, nicht mehr bräunt. Daraufhin knetet man diese gereinigte Butter mit etwas frischer Milch durch und setzt etwas Kochsalz dazu. Man erhält absolut frische Butter.*

Fig. 4 Butterknetmaschine erlaubt gegenüber dem hölzernen Butterkneter eine schnellere und bequemere Verarbeitung der Butter. Die ausgekehlte Walze und die Tischplatte laufen gegeneinander und gewährleisten ein gleichmäßiges Durchkneten der Butter. Zwei Löcher im Knettisch erlauben das Abfließen der ausgepreßten Buttermilch.

Um Butter lange frisch zu halten, *füllt man sie in ein Gefäß und gießt Salzwasser darüber, bis sie bedeckt ist.*

Mehrfach gebrauchtes Backfett *reinigt man mit einer rohen, geschälten Kartoffel, die man einmal darin aufkochen läßt.*

Hammelfett *kann bestem Schweinefett gleich gemacht werden, wenn man demselben beim Ausbraten einen Schuß Milch hinzusetzt.*

Backfett wird nicht schwarz, *wenn man während des Backens Erbsen hineinlegt. Wenn diese braun geworden sind, muß man sie durch neue ersetzen.*

Fett in der Pfanne *spritzt beim Braten weniger, wenn man eine Prise Salz zugibt.*

Öl wird nicht ranzig, *wenn man ihm eine Prise Salz hinzugibt.*

Öl sollte immer dunkel aufbewahrt werden, *Licht und besonders Sonne schaden ihm.*

Essig kann man selber herstellen!
Dazu verrührt man 3/4 l Wein, 1/2 l destilliertes Wasser und 75 g frische, schwarze, zerkleinerte Brotrinde. Man stellt diese Mischung eine Woche lang gut verschlossen an einen dunklen, warmen Ort. Danach abgießen und filtern – und der Essig ist fertig!*

Trüben Essig klärt man mit frischer Milch. *Auf jeden Liter Essig gibt man 2 Teelöffel Milch. Nach 24 Stunden kann man den klaren Essig vom Bodensatz abgießen. Dieses Verfahren wiederholen, falls es bei einem Mal nicht ausreicht.*

**) Vom Apotheker*

Senf trocknet nicht ein, *wenn man ihm etwas Salz unterrührt.*

Bratwürste platzen nicht, *wenn man sie vor dem Braten in kalte Milch legt.*

Fleisch hält sich frisch, *wenn man es mit einer Lösung aus Essig, Salz und Zucker (kurz aufgekocht) einreibt.*

Fleisch wird zarter, *wenn man es mit Essig abreibt und einige Stunden kühlstellt.*

Zähes Fleisch *kann man weich kochen, indem man der Kochflüssigkeit nach dem Abschäumen etwas Branntwein zusetzt.*

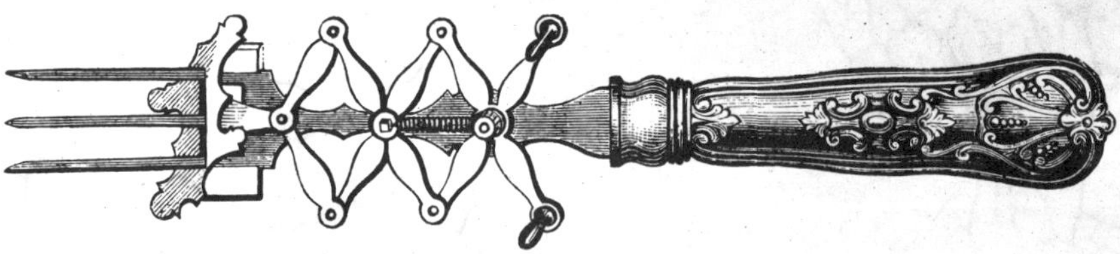

Fig. 5 Serviergabel mit Ablösmechanik zur bequemen Darreichung von Fleisch

Hart gewordener geräucherter Schinken *sollte in Scheiben aufgeschnitten werden. Diese legt man für 10–20 Minuten in Milch, spült und trocknet sie dann ab. Die Schinkenscheiben sind wieder zart!*

Schinken läßt sich ohne Bedenken zwei Jahre aufbewahren, *wenn man die Fleischseite mit einem flotten Lehmbrei so bestreicht, daß dieser beim Trocknen eine unbedingte feste Kruste ergibt. Am Knochen besonders dick auftragen.*

Junge Gänse brauchen immer eine Gänseliesel, *wenn sie auf der Grasweide sind. Fehlt eine Hüteaufsicht, so stellt man eine Strohpuppe von weiblichem Aussehen auf (Schürze vorgebunden!), und daneben ein Wassergefäß. Die Gössel bleiben todsicher in deren Nähe und streifen nicht wahllos umher!*

Fische kann man auch ohne Wasser lebend transportieren:
- *Aale packt man in abgeschnittenes Gras,*
- *Karpfen und Schleien wird ein mit Branntwein angefeuchtetes Stück Schwarzbrot ins Maul gesteckt,*
- *Krebse hingegen packt man in einen Korb mit frischen Brennesseln – es darf aber keine zu große Hitze herrschen.*

Fische schuppen sich leichter, *wenn man sie einen Augenblick in heißes Wasser taucht.*

Frische Krebse kann man 14 Tage aufbewahren, *ohne daß sie mager werden. Dazu legt man sie in einen Korb und bestreut sie mit Weizen oder Kleie und schließlich mit einer Handvoll Kümmel. Überdies legt man noch einen Feuerstahl auf den Boden des Korbes, der zur Erhaltung ihres Lebens Vieles beiträgt, wie die geübtesten Krebshändler aus ihrer Erfahrung immer behaupten.*
Über den Korb wird ein Tuch festgebunden, dann wird er auf die Erde in einen kühlen Keller gestellt. Alle 2–3 Tage müssen die Krebse aufs Neue mit Wasser bespritzt und mit Kleie (oder Weizen) und Kümmel bestreut werden.

Kartoffeln keimen im Keller nicht, *wenn sie auf einer Schicht Holzkohle lagern.*

Welke Kartoffeln *legt man vor dem Schälen in kaltes Wasser, bis sie fester geworden sind.*

Kartoffeln mit dunklen Flecken *kocht die erfahrene Hausfrau in mildem Essigwasser.*

Alte Kartoffeln werden schmackhafter,
- *wenn man etwas Essig ins Kochwasser gibt,*
- *wenn man um die Mitte einen Ring abschält und dann die Kartoffel mit der Schale in stark gesalzenem Wasser kocht,*
- *wenn man sie mit kochendem Wasser überbrüht, einmal aufkochen läßt, abgießt und erneut mit kochendem Wasser übergießt. Dann garen lassen.*

Zwiebeln schält man leichter *und ohne Tränen, wenn man erstere ein paar Minuten in kaltes Wasser legt.*

Angeschnittene Zwiebeln, *die nicht sofort verwendet werden, legt man mit der Schnittfläche in Salz, dann halten sie sich ein paar Tage.*

Blumenkohl bleibt beim Kochen weiß, *wenn man eine Prise Zucker ins Kochwasser gibt.*

Gelbgewordenen Blumenkohl *kocht man in einem Topf, der je zur Hälfte mit Wasser und Milch gefüllt ist. Der Blumenkohl wird dadurch wieder weiß.*

Blumenkohl riecht beim Kochen nicht so stark, *wenn man eine alte Brotrinde ins Wasser gibt.*

Welk gewordene Radieschen *legt man mit dem Blattwerk in Wasser, bis sie wieder knackig frisch sind.*

Obst mit fadem Geschmack vom Lagern *legt man einige Tage zwischen Wolldecken. Es gewinnt auf diese Weise wieder Geschmack und Aroma zurück.*

Zitronen und Apfelsinen ergeben mehr Saft,
– wenn man sie vor Gebrauch kurz in heißes Wasser legt,
– oder sie auf einer Tischplatte unter Druck rollt.

Zitronen halten sich monatelang frisch, *wenn man sie in Torfmull aufbewahrt.*

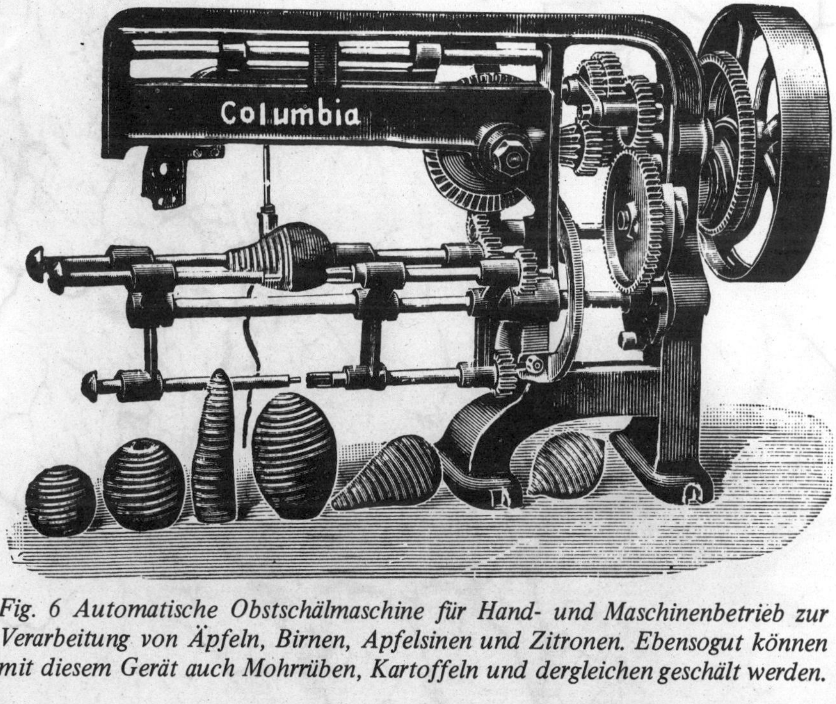

Fig. 6 Automatische Obstschälmaschine für Hand- und Maschinenbetrieb zur Verarbeitung von Äpfeln, Birnen, Apfelsinen und Zitronen. Ebensogut können mit diesem Gerät auch Mohrrüben, Kartoffeln und dergleichen geschält werden.

Angeschnittene Zitronen *legt man mit der Schnittfläche in eine Schale mit wenig Essig.*

Zitronen- und Apfelsinenschalen *(unbehandelte Früchte) reibt man fein ab und vermischt sie mit Zucker. Die Schale hält sich monatelang frisch und kann für Süßspeisen und zum Backen verwendet werden.*

Gut getrocknete Apfelsinenschalen *(behandelte) eignen sich vorzüglich zum Feueranmachen.*

Zitronensaft hält sich lange, *wenn man ihn mit 10 % Alkohol vermischt und gut zukorkt.*

Äpfel, Tomaten, Pfirsiche und Aprikosen lassen sich leichter schälen, *wenn man sie kurz in heißes Wasser taucht.*

Schalen von unbehandelten Äpfeln ergeben einen vitaminreichen Trunk: *Man wäscht dieselben gut, legt sie in einen Topf und läßt sie über Nacht mit frischem Wasser bedeckt stehen. Abgießen und nach Geschmack süßen.*

Alte Nußkerne frischt man wieder auf, *indem man sie mit kochendem Salzwasser übergießt und darin abkühlen läßt.*

Getrocknete Hülsenfrüchte *bewahrt man vor Würmern, indem man sie mit Salz bestreut und hin und wieder durchschüttelt.*

Alte Erbsen schmecken wie frische grüne, *wenn man sie 15 Stunden in kaltem Wasser einweicht, das Wasser sodann fortschüttet und die Erbsen 48 Stunden in einem feuchten Wolllappen an einem warmen Ort ruhen läßt. Danach werden sie schnell gar und schmackhaft.*

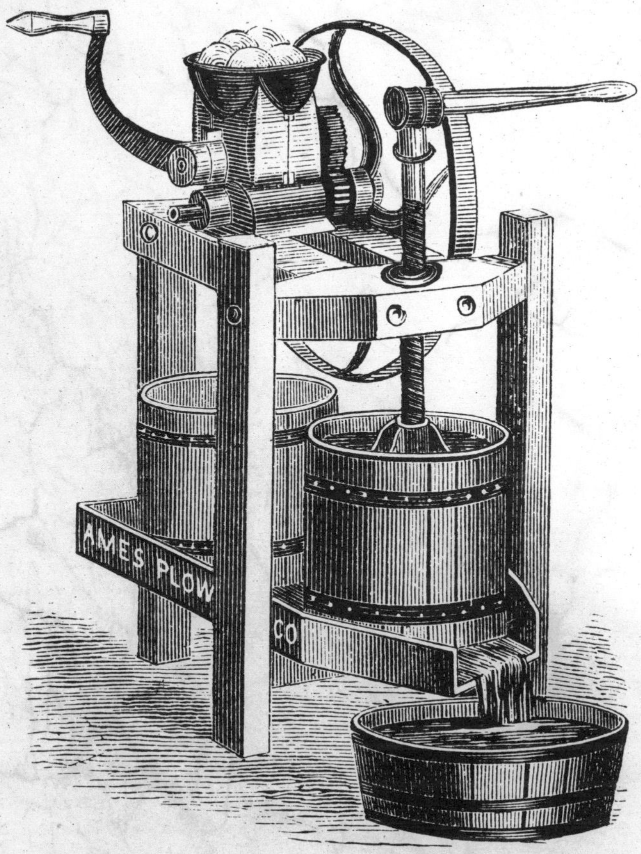

Fig. 7 Kombinierte Obstmühle und -presse für den Hausbetrieb

Bohnenkaffee schmeckt besonders gut, *wenn man eine Prise Salz oder Kakao vor dem Überbrühen dazugibt.*

Bohnenkaffee kann man folgendermaßen auf seine Echtheit prüfen: *Man schüttet in ein hohes Wasserglas einen guten Löffel voll. Echter Kaffee steigt in die Höhe und bildet eine obenaufschwimmende Schicht. Alle anderen Röstprodukte (Zichorie, Getreide, Rüben, Eicheln usw.) sinken unter.*

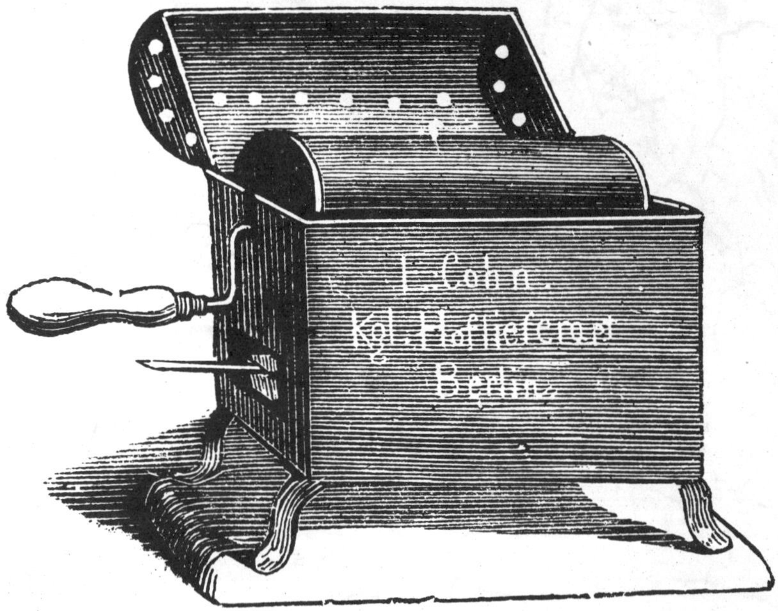

Fig. 8 Spiritus-Kaffeebrenner, der es erlaubt, den Kaffee im Haus frisch vor dem Trinken zu rösten. Mit dieser Maschine ist man unabhängig vom Herdfeuer, auch kommt der Kaffee nicht mit Rauch in Berührung. So erhält der Kaffee einen wahrhaftig feinen Geschmack.

Auf dem Lande hält man Brotvorräte etwa 4–6 Wochen frisch und schimmelfrei: *Man hängt sie gleich vom Backofen weg in einem noch mehligen Mehlsack Oberrinde gegen Oberrinde im Keller auf. Einen Tag vor Gebrauch wird das Brot abgebürstet und unverpackt in den Keller gelegt.*

Brot schützt man vor Schimmel, *wenn man dem Brotteig etwas Lavendelwasser zusetzt. Man rechnet 1 Teelöffel auf 1 Pfund Mehl.*

Angeschnittenes Brot hält sich frisch, *wenn man die Schnittfläche mit feuchtem Pergamentpapier bedeckt.*

Brotkästen *müssen regelmäßig mit Essigwasser ausgewaschen werden. Ein Apfel im Brotkasten sorgt für Frische.*

Kuchen bekommt eine schöne Kruste, *wenn man seine Oberfläche vor dem Backen mit Milch bestreicht.*

Kuchen, der nicht vom Blech oder aus der Form geht, *wird mit Blech oder Form auf ein nasses, kaltes Handtuch gestellt. Auch kann man ihn damit 10–30 Minuten zudecken – dann löst er sich besser.*

Kuchen und Plätzchen halten sich frisch *in einer Blechdose, in die man einen Apfel legt.*

Puderzucker kann man selbst herstellen, *indem man gewöhnlichen Zucker mäßig warm zwischen zwei Servietten bügelt.*

Kristallisierter Honig *läßt sich im heißen Wasserbad wieder flüssig rühren. Zu diesem Zwecke stelle man das Honiggefäß auf zwei Holzstäbchen – so steht das Gefäß besser und die Wärme kann von allen Seiten gleichmäßig wirken.*

Honig prüft man, *indem man einen kleinen Löffel voll in Spiritus verrührt. Naturreiner Honig löst sich auf. Bildet sich ein Niederschlag oder wird die Lösung trübe, dann ist der Honig verfälscht.*

Tee erhält ein besonderes Aroma, *wenn man eine Vanillestange in die Dose legt.*

Käse hält sich länger frisch, *wenn man ihn in ein Tuch wikkelt, das man vorher in Essig getränkt hat.*

Speckscheiben *werfen sich beim Braten nicht, wenn man sie vorher in kaltes Wasser legt.*

Anbrennen von Speisen *verhindert man, indem man eine Kindermurmel in den Topf legt, die beim Umrühren auf dem Boden hin- und herrollt. (Kurz vor dem Anrichten herausnehmen!)*

Auf Suppen bildet sich keine Haut, *wenn man kleine Butterstückchen auflegt.*

Versalzene Speisen *können wieder genießbar gemacht werden,*
- *indem man eine reine Serviette über den Topf spannt und darauf eine Handvoll Mehl streut. Nach wenigen Minuten ist das Salz ausgezogen,*
- *indem man einige geschnittene, rohe Kartoffeln in die Speise gibt und mitkochen läßt. Nach dem Aufkochen herausnehmen,*
- *indem man ein kleines Naturschwämmchen einlegt und einmal mit aufkochen läßt. Zur weiteren Verwendung danach auswaschen!*

Nicht mehr ganz junges und zartes Geflügel *wird vor dem Kochen oder Braten 1–2 Stunden in Essig gelegt.*

Ostereier färbt man *mit Spinatwasser grün, mit Soda oder Lackmus blau und mit Zwiebelschalen oder Braunholz braun.*

Mehl- oder Kartoffelklöße kochen ohne Bröckel, *wenn das Kochwasser mit etwas Mehl gebunden wird.*

Fig. 9 Querschnitt eines Etagendampftopfes zur gleichzeitigen Zubereitung von Fleisch, Gemüse und Kartoffeln auf nur einer Feuerstelle. Mittels Dampf gekochte Speisen werden zarter und wohlschmeckender. Der untere große Topf a dient als Dampferzeuger. Der Einhängetopf b ist zur Aufnahme des Fleisches bestimmt, während die beiden oberen Töpfe c und d für Kartoffeln und Gemüse vorgesehen sind.

Mehl, das in Wasser aufgerührt wird, *bildet keine Klumpen, wenn man eine Prise Salz dazugibt.*

Kuchenbleche reinigt man *in erhitztem Zustand mit Papier und Salz. Danach reibt man sie mit etwas Öl nach.*

Parmesankäse im Stück bleibt monatelang frisch, *wenn man ihn in Salz aufbewahrt oder ihn damit bedeckt.*

Getrocknete Pilze *dreht man durch die Pfeffermühle, das ergibt eine hervorragende Würze zu vielerlei Zwecken.*

Sauerkraut in der Tonne verdirbt nicht, *wenn man nach jeder Entnahme der Brühe ein Glas Branntwein zugibt.*

Allerlei nützliche Ratschläge und Anweisungen

den Hausstand rein zu halten

Wie mühevoll mag es einst gewesen sein, ein Haus zu versorgen, zu ordnen und zu reinigen, für Atmosphäre zu sorgen! Und das alles nach dem gesellschaftlichen Gebot, daß die Frau nur dem Manne zu dienen habe! Der folgende Text-Auszug spricht für sich:

„Das Haus – welch ein enger und doch unendlich weiter Begriff! Des Mannes Haus ist die Welt, die Welt der Frau ist das Haus – so lautet ein bekannter Ausspruch.

Wie verschieden sind aber doch die Räume, welche diese Welt bilden: Wir wollen von dem Gegensatz Palast und Hütte einmal absehen, so ergibt sich doch eine große Verschiedenheit von Wohnungen. Man könnte behaupten, jede Familie und deren Eigenart bedinge auch ein eigenartiges Gepräge für das Haus. Bei aller Verschiedenheit gibt es aber doch gewisse Gesetze, welche als unumstößlich für jedes Haus gelten müssen, soll darin Wohlsein und Behagen herrschen. Diese Gesetze verlangen: Ordnung, Reinlichkeit, Pünktlichkeit und Schönheitssinn.

Soll dem Hausherrn eine Tat oder Gedankenarbeit freudig gelingen, so wirkt häufig still und unsichtbar die Gattin dabei mit. Denn in ihrem Kreise muß er die Stimmung, den Mut und die Gedanken finden. Die rechte Stimmung gibt aber nur ein Haus, das wirklich gemäß den Bedürfnissen der Familie eingerichtet ist. Ein Heim in des Wortes wahrer Bedeutung muß ‚geworden' und nicht ‚gemacht' sein, es muß wachsen mit der Familie – je nach den zur Verfügung stehenden Mitteln. Es ist die Aufgabe der Frau, für diese Welt zu sorgen."

Ein ausgehendes Feuer *läßt sich mit einer Handvoll Salz leicht wieder entfachen.*

Gute Zimmerluft *im Winter erhält man, wenn man hin und wieder einen Zapfen Edeltanne in die Bratröhre legt.*

Tabakgeruch im Zimmer *kann man leicht entfernen, indem man einen mit Essigwasser getränkten Schwamm aufhängt.*

Lieblicher Rosenduft für bestimmte Anlässe *läßt sich hervorzaubern, indem man Blätter stark duftender Rosen in eine Flasche gibt, Salz dazwischenstreut und etwas Weingeist darübergießt. Die Flasche wird gewöhnlich gut verschlossen gehalten und nur bei Bedarf eine Weile geöffnet.*

Ausgußgeruch kann vermieden werden, *indem man von Zeit zu Zeit ein Stück Soda in den Ausguß gibt.*

Kleistergeruch *aus frisch tapezierten Zimmern entfernt man leicht, indem man ein Gefäß mit glühenden Kohlen aufstellt und Wacholderbeeren darüberstreut.*

Fig. 10 Praktische Kohlenschippe in geschlossenem und geöffnetem Zustand zum staubfreien Transport von Kohle und Brennmaterial.

Unangenehmen Kochdunst *entfernt man aus der Küche durch Aufstellen einer Schüssel mit heißem Wasser, in das man etwas Lavendelöl träufelt.*

Den Geruch von übergekochter Milch *beseitigt man durch Überstreuen der übergekochten Milch mit Salz und durch Abreiben der Herdplatte mit Essigwasser.*

Geruch an Eßbestecken und Küchengerät, *der von Zwiebeln, Knoblauch oder Fisch herrührt, beseitigt man durch Übergießen mit starkem Essigwasser und Abreiben mit Salz.*

Fischgeruch am Geschirr *entfernt man dadurch, daß man es schön mit Kaffeesatz abwäscht.*

Festsitzende Glasstöpsel *löst man mit wenigen Tropfen Öl, welche man in die Rille zwischen Flasche und Stöpsel gibt oder auch mit warmem Wasser, das man vorsichtig über den Flaschenhals laufen läßt.*

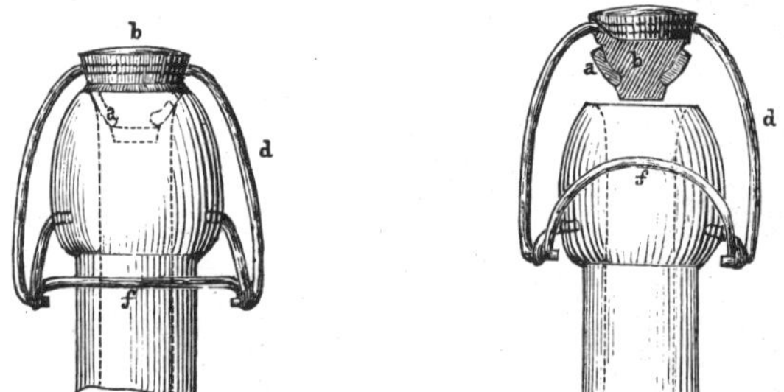

Fig. 11 Neuartiger Flaschenpatentverschluß. Dieser hat gegenüber dem bekannten Korken den Vorteil, daß er die Flaschen luftdicht verschließt, sowohl beim Öffnen als auch beim Verschließen leicht zu handhaben ist und jahrelang verwendet werden kann.

Korken aus Flaschen *lassen sich mit Hilfe eines Bindfadens entfernen. Man führt ihn so in die Flasche, daß man die beiden Enden in Händen hält. Dann stülpt man die Flasche um, so daß der Korken in die Schlinge gerät und mit einem Ruck herausgezogen werden kann.*

Flaschenhälse kann man bequem abschneiden, *wenn man einen Faden um die betreffende Stelle legt, den man vorher in Terpentinöl eingetaucht hat. Dann zündet man ihn an und taucht die noch warme Flasche sofort in kaltes Wasser. Sie werden erstaunt sein!*

Wasser- oder Biergläser, die fest ineinander sitzen, *löst man auf folgende Weise: Man stellt das untere Glas in heißes Wasser und gießt in das obere Glas kaltes Wasser hinein. Schnell sind die Gläser getrennt.*

Glas läßt sich leichter durchbohren, *wenn man auf die betreffende Stelle einen Tropfen Terpentin gibt. Zum Bohren genügt ein gewöhnlicher Spiralbohrer.*

Schwer zu reinigende Flaschen *lassen sich bequem säubern,*
- *indem man kleingerissene Zeitungsstücke und Salzwasser hineingibt und kräftig schüttelt,*
- *oder aber mit gestoßenen Eierschalen, die man mit Spülwasser gut in der Flasche durchschüttelt,*
- *oder gar mit zerschnittenen Kartoffelschalen, die man in der Flasche mit Wasser durchschüttelt,*
- *oder auch mit grob zerstoßener Holzkohle, die man in der Flasche mit Wasser durchschüttelt*

Milchkannen sollten einmal wöchentlich mit rohen Kartoffelschalen ausgekocht werden, damit sie keimfrei bleiben.

Milchflaschen spült man einmal wöchentlich mit heißem Kartoffelschalenwasser aus.

Tubenköpfe, die sich nicht öffnen lassen, hält man einen Augenblick in heißes Wasser. Der Erfolg stellt sich sofort ein.

Gebogene Küchenbretter werden wieder plan, indem man sie in Wasser taucht, bis sie sich vollgesogen haben. Dann legt man sie zwischen feuchte Tücher auf eine waagerechte Fläche und beschwert sie solange, bis sowohl Tücher als auch Bretter wieder trocken sind.

Wachstuchdecken sollte die gute Hausfrau von Zeit zu Zeit mit Terpentinöl abreiben oder sie mit gut lauwarmem Seifenwasser abwaschen und mit Milch nachreiben.

Fleischmaschinen erfahren eine Grobreinigung durch ein Stück durchgedrehtes Butterbrotpapier.

Kaffeemühlen reinigt man von Zeit zu Zeit, indem man feinen Sand durchmahlt. Keine Angst – er nimmt alles Unsaubere fort und hinterläßt keinesfalls Spuren.

Kaffeekannen sollten gelegentlich mit Essigwasser ausgewaschen werden. Essigwasser hinterläßt keinerlei Geschmack und reinigt überdies gut.

Kesselstein entfernt man durch Aufkochen von frischen Kartoffelschalen in dem zu reinigenden Gefäß.

Fig. 12 Selbsttätige Kaffeemaschine mit Spiritusflamme, kippbarem Wasserkessel, Kaffeebehälter und Kanne. Wird der Wasserkessel nach rechts gekippt, so verschließt der Flammendeckel automatisch die Spiritusflamme.

***Kochherde und Herdplatten** putzt die erfahrene Hausfrau mit einer Mischung aus Graphit und Wasser.*

***Backbleche mit Obstkuchenresten** reinigt man leicht, indem man sie nachts ins Freie oder in einen feuchten Raum stellt. Am nächsten Morgen lassen sich die weichgewordenen Krusten leicht mit Papier beseitigen.*

***Stahltöpfe und -pfannen** läßt man vor dem ersten Gebrauch mit Öl sehr heiß werden, bis das Öl raucht.*

***Eisenpfannen** scheuert man mit Essig und Sand oder auch mit heißem Salz aus.*

***Irdenes Kochgeschirr wird haltbarer,** wenn man es vor dem ersten Gebrauch in einem großen Topf mit kaltem Wasser zum Kochen bringt und dann darin langsam abkühlen läßt.*

***Rostige Topf- oder Pfannenböden** sollte man mit einer Speckschwarte einreiben.*

***Rostflecken auf poliertem Stahl** bestreicht man zunächst mit Olivenöl und läßt es mehrere Tage aufliegen. Dann werden die Flecken mit hartem Holz und Schmirgel abgerieben, danach mit Weinessig und zuletzt mit feinem Roteisenpulver.*

***Stahlsachen glänzen wie neu,** wenn man sie mit Öl einreibt und dann mit Schmirgel darübergeht.*

***Fliegenschmutz an Metallgegenständen** beseitigt man am besten mit Spiritus, den man mit einer weichen Bürste oder mit einem Lederlappen aufreibt.*

Fig. 13 Elektrische Kochapparate: ***a*** *Suppenschüssel* ***b*** *Franz. Kasserrolle* ***c*** *Einsatz und Deckel für Kartoffeldämpfer* ***d*** *Kartoffeldämpfer* ***e*** *Puddingkocher* ***f*** *Emailliertes Kochgefäß*

***Stahlgerät schützt man vor Rost** durch Einreiben mit Paraffinöl, Hühnerfett, Kakaobutter oder mit einer Mischung aus 50 Teilen ausgebratenem Schweinefett und 1 Teil Kampfer.*

***Gußeiserne Töpfe oder Pfannen** sollte man vor dem ersten Gebrauch mit Speiseöl füllen und frische Kartoffelschalen darin bräunen lassen.*

***Aluminium-Töpfe und -Pfannen dagegen** werden vor dem ersten Gebrauch mit Wasser und Milch zu gleichen Teilen zehn Minuten lang ausgekocht.*

***Stumpfe oder gar rostige Bügeleisen** werden wieder blank,*
- *indem man sie mit weißem Wachs einreibt und während des Erwärmens mit einem Wollappen überputzt*
- *oder sie mit etwas Butter und feingestoßenem Salz bestreicht und mit einem groben Tuch abscheuert,*
- *oder indem man mit Sand und Essig darübergeht.*

Bügeleisen haften nicht mehr an gestärkter Wäsche,
- *wenn man der Stärke ein Stückchen Butter unterrührt,*
- *oder auf 4 l Stärke 1 Eßlöffel pulverisierten Borax gibt.*

Fig. 14 Kohlenbeheizter Plättofen für 8 Eisen

Petroleumlampen müssen nicht rauchen. *Man legt den Docht vor dem ersten Gebrauch einige Stunden in Essig und läßt ihn danach trocknen.*

Petroleumlampen brennen auch heller, *wenn dem Petroleum ein halber Teelöffel Salz zugefügt wird. Man kann stattdessen auch auf einen Liter Petroleum 4 g Terpentinöl und 2 g Kampfer geben.*

Fensterscheiben beschlagen nicht, *wenn man sie mit einer Lösung aus Glyzerin und Spiritus abwäscht.*

Gefrorene Festerscheiben *taut man problemlos auf mit einer starken Kochsalzlösung.*

Fensterscheiben werden besonders blank, *wenn man sie zunächst mit aufgelöster Schlämmkreide bestreicht, diese trocknen läßt, dann mit einem weichen Tuch und später mit einem Putzleder abreibt.*

Bei Frostwetter kann man Fenster nur trocken putzen. *Dazu stäubt man Schlämmkreide mittels eines Musselinsäckchens auf die Scheiben und reibt mit einem reinen Tuch und anschließend mit einem Leder nach.*

Ledertücher bleiben weich, *wenn man sie nach der Benutzung in Salzwasser auswäscht und halbfeucht zum Trocknen aufhängt. Aufgerollt weglegen.*

Fensterleder *kann man aus Resten alter Lederhandschuhe selbst anfertigen. Man schneidet sie in Stücke und zieht sie auf einer Schnur zu einem Ring auf.*

Glasscheiben lassen sich undurchsichtig machen, indem man sie mit einem Brei aus 12 Pfund Salz und 1/4 Liter Weißbier gleichmäßig bestreicht.

Künstliche Eisblumen auf Fensterflächen kann man folgendermaßen selbst herstellen:
Man löst in 1 Liter Wasser soviel Zinksulfat oder Bittersalz, wie es aufzunehmen vermag. Dieser gesättigten Lösung setzt man 100 g Dextrinschleim zu und filtriert sie dann. Die Mischung wird auf die sorgfältig gereinigten Glasscheiben gegossen und wieder abgeschüttet, worauf man die Scheiben waagerecht liegend an der Luft trocknet. Künstliche Wärme und Staub sind fern zu halten. Nach dem vollständigen Abtrocknen überzieht man die Schicht mit hellem Spirituslack oder mit einer alkoholischen Schellacklösung.

Vasen reinigt man am einfachsten mit Zitronenschalen. Man schneidet diese sehr klein, gibt sie in die Vase und gießt Wasser darüber, bis die Vase halbgefüllt ist. Schütteln und 2 Stunden stehenlassen. Erneut gut schütteln und mit klarem Wasser nachspülen.

Waschbecken und Badewannen lassen sich gut mit Salz oder mit Apfelsinenschalen reinigen.

Bürsten reinigt man auf bewährte Weise
– mit Mehl oder Kleie, indem man zwei schmutzige Bürsten gegeneinander bewegt,
– oder in Salmiakgeist und Wasser im Verhältnis 1:2,
– oder in verdünnter Sodalösung.

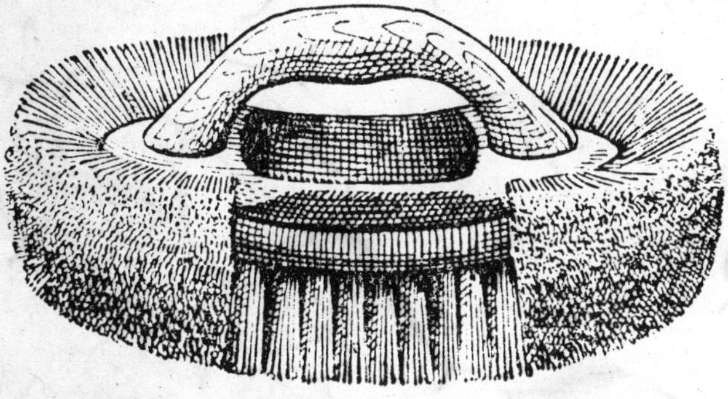

Fig. 15 Praktische Möbelbürste.

Nagelbürsten *sollte man ab und zu zum Lösen der Seifenreste in kaltes Salz- oder Essigwasser legen.*

Polstermöbel *reibt man mit einem milden Essigwasser ab, die Farben werden dann wieder frisch.*

Plüschmöbel *reinigt man auf einfache Weise mit Sauerkrautbrühe und Bürste.*

Geflochtene Stuhlsitze *lassen sich am besten mit einer Salzwasserlösung säubern.*

Stuhlbezüge aus Leder *pflegt man schonend mit Milch oder mit Reinigungsbenzin.*

Ledermöbel frischt man auf*, indem man sie mit einem Gemisch aus Eiweiß und Leinöl einreibt.*

Flecken auf Leder *entfernt man mit schwachem Essigwasser.*

Eichenmöbel *kann man mit warmem Bier reinigen und dabei gute Ergebnisse erzielen. Müssen sie aufgefrischt werden, so kocht man auch 1/4 l Wasser mit einem hühnereigroßen Stück Wachs und 1–2 Eßlöffeln Zucker auf und streicht diese Mischung mit dem Pinsel auf. Nach dem Trocknen wird mit einem Wolltuch nachgerieben.*

Flecken und Schrammen an Türen und Möbeln *lassen sich mit Bohnerwachs mildern.*

Flecken an weißen Möbeln *lassen sich gut mit dem Radiergummi entfernen, in hartnäckigen Fällen nimmt man einen Tintenradiergummi.*

Flecken auf polierten Möbeln, *die durch das Aufstellen heißer Töpfe entstanden sind, betupft man mit naßgemachter Zigarrenasche. Nach dem Trocknen geht man mit einem Korken so lange über den Flecken, bis dieser verschwunden ist. Anschließend reibt man mit Petroleum nach.*

Tischlergeruch aus neuen Möbeln *vertreibt man mit Erfolg, wenn man einen Topf mit kochender Milch hineinstellt und die Türen gut schließt.*

Feuchtigkeit in Schränken und Kommoden *verschwindet schnell, wenn man für ein paar Tage ein Mullsäckchen mit Kampfer hineinlegt.*

Mottenkugelgeruch *läßt sich beseitigen, indem man in die Schränke gelbes Senfmehl legt.*

Fig. 16 Gasbeheizter Geschirrschrank.

Wasserflecken auf polierten Möbeln *sollte man mit einem dünnen Salz-Wasser-Gemisch bestreichen. Nach dem Trocknen abwischen und mit einem Korken nachpolieren.*

Schubkästen, die schwer laufen, *werden mit Talkum-Puder behandelt.*

Zeitungen unter den Teppich gelegt, *halten im Winter das Zimmer und die Füße warm.*

Dunkle Teppiche *lassen sich gut und sparsam mit abgekochten Teeblättern reinigen.*

Schmutzige Teppiche *klopft man im Winter am besten auf frisch gefallenem Schnee. Dazu legt man sie mit der Oberseite auf den Schnee und klopft die Unterseite.*

Flecken in Teppichen *feuchtet man mit frischer Milch an, die man nach einer Weile mit einem Wattebausch abtupft. Wiederholen, falls die Flecken noch nicht ganz entfernt sind. Mit reinem Seifensud nachtupfen.*

Teppichecken, die sich aufrollen, *bügelt man vorsichtig mit einem feuchten Tuch.*

Fettflecken auf Fußböden *wäscht man mit folgender Mischung aus: Man kocht ein Bierglas voll Branntwein mit zwei Eßlöffeln voll geschabter Seife und einem Eßlöffel voll Honig auf und reibt es noch warm auf die Flecken. Gut mit klarem Wasser nachspülen.*

Tintenflecken auf Fußböden *beseitigt man mit Hilfe eines aufgestrichenen Gipsbreies.*

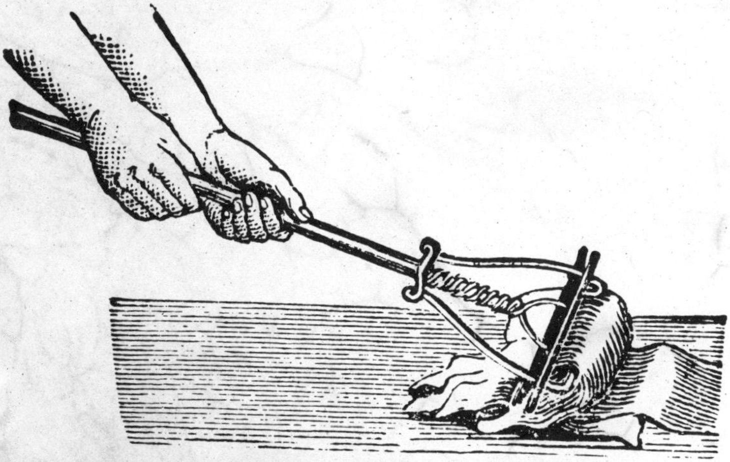

Fig. 17 Amerikanischer Zimmerwischer mit Haltemechanik, die es erlaubt, unterschiedliche Tücher zu verwenden. Leinen, Leder oder Baumwolltücher können gleichermaßen zum Gebrauch gelangen.

Seidenpapier *eignet sich gut zum Auftragen von Bohnerwachs – anschließend benutzt es die sparsame Hausfrau zum Feueranzünden.*

Frisch gestrichene Fußböden *werden haltbarer, wenn sie vor Gebrauch gut mit Essigwasser abgewischt werden.*

Tapeten reinigt man *nach dem Abbürsten mittels sauberem Besen mit einer 1–2 Tage alten Schwarzbrotrinde oder mit Weizenkleie, die man auf einen trockenen Schwamm gibt.*

Feuchtigkeitsverdächtige Wände *prüft der Fachmann mit einem Stück Gelatine, das er mit Reißnägeln an die verdäch-*

tige Stelle heftet und mit Pappe überdeckt. Hat sich die Gelatine nach 24 Stunden aufgelöst, so hat er es mit einer wirklich feuchten Wand zu tun.

Feuchte Kellerwände sollte man vorsorglich streichen mit einer Mischung aus 93 Teilen Ziegelmehl und 7 Teilen Bleiglätte, die man mit Leinölfirnis zu einer eben noch streichbaren Masse verrührt.

Hartgewordene Pinsel kann man entweder in Schmierseife oder aber in einer Lösung aus 1 Liter heißem Wasser und 350 Gramm Soda einweichen.

Bleistifte eignen sich auch hervorragend als Schmiermittel: Reibt man damit gelegentlich die Türangeln ein, so zeigt das seine Wirkung.

Durchgebrannte Sicherungen lassen sich sehr gut als Messerschärfer benutzen; ebenso dienen sie auch als Schlußquasten für Gardinenschnüre, indem man ihre Füllungen durchbohrt.

Schrauben rosten nicht, wenn man sie vor dem Einschrauben in eine dünne Mischung aus Graphit und Schmieröl oder Graphit und Talg taucht.

Nägel rosten nicht, wenn man sie vor dem Einschlagen bis zum Rotglühen erhitzt und sie dann in kaltes Leinöl wirft.

Feilen übergießt der erfahrene Heimwerker vor der Arbeit mit heißem Wasser und bürstet sie dann gut ab.

Alte Feilen greifen wieder, wenn man sie mit Holzkohle abreibt oder an einem feuchten Ort leicht anrosten läßt.

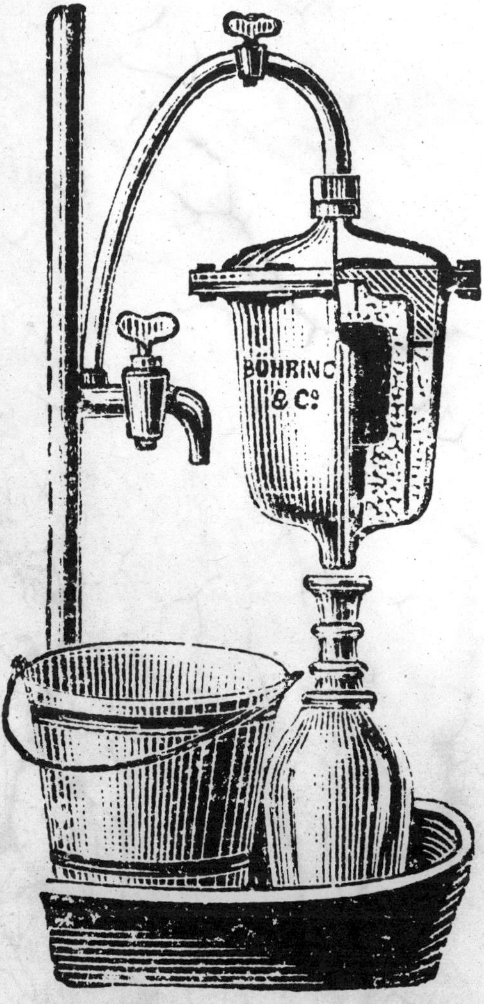

Fig. 18 Praktischer Filter für Leitungswasser.

Silbersachen
– *taucht die ordentliche Hausfrau zum Putzen in Salmiakgeist und spült anschließend mit Wasser gut nach,*
– *oder sie legt das Silber etwa 10 Minuten in das Kochwasser von Kartoffeln und säubert es danach,*
– *oder in eine Lösung aus 1 Liter Wasser, 4 Teelöffeln Salz und 4 Teelöffeln Soda und wäscht in Seifenwasser nach,*
– *oder sie gibt es längere Zeit in saure Milch und spült anschließend mit klarem Wasser.*

Eierflecke an silbernen Bestecken *reibt man am besten mit feuchtem Salz ab.*

Vergoldete Gegenstände *werden mit einer Lösung aus 15 g Borax in 1/2 l Wasser abgewaschen, mit reinem Wasser nachgespült und mit einem sauberen Leinen abgetrocknet.*

Flecken auf Metallen aller Art *putzt man mit der Kochbrühe von weißen Bohnen (ungesalzen) oder mit derjenigen von rohen Kartoffelschalen.*

Bronze putzt man *mit trockenem Sauerampfer,*
– *oder mit der Kochbrühe von weißen Bohnen (ungesalzen),*
– *oder mit Zichorie, die man mit wenig Wasser vermischt.*

Messing läßt sich reinigen *mit Sauerkrautbrühe ebenso gut wie mit schwachem Essigwasser oder gar mit Kochsalz.*

Kupfergerät reinigt man auf altbewährte Weise entweder
– *mit einer Mischung aus Seife, Branntwein und Kreide,*
– *oder mit einem Brei aus Salmiakgeist und grüner Seife,*
– *ebensogut auch mit gewöhnlicher saurer Milch,*

Fig. 19 Samowar, die praktische Kochmaschine für vorzüglichen Tee. Die Anschaffung ist zwar teuer, die Unterhaltung jedoch billig, da dieser Apparat keinen Spiritus verlangt. Das Becken wird mit Holzkohle gespeist, die nur glühen und keinen Rauch entwickeln darf. Der Rauchfang oben ist nur zu Beginn des Koches notwendig.

Kunstschmiedearbeiten *überzieht man mit Leinöl oder Wachs und brennt dann den Überzug über hellem Feuer ab. Dadurch schützt sie der erfahrene Kunstschmied vor Rost.*

Marmor reinigt man *normalerweise mit heißem Wasser. Gut nachtrocknen. Ist der Marmor sehr schmutzig, so bereitet man einen Brei aus frisch gelöschtem Kalk mit Wasser und trägt diese Mischung auf den Marmor auf. 3 Tage ruhen lassen und dann abwaschen.*

Flecken in Marmor *werden zunächst mit Benzin abgerieben. Dann wird ein Teig aus 2 Teilen Seifensiederlauge, 1 Teil Terpentinöl, 1 Teil Rindsgalle angerührt und auf die Flecken aufgetragen. Einige Zeit liegen lassen und dann abwaschen.*

Holzfässer *wäscht man regelmäßig mit Brennessellauge aus. Dazu übergießt man möglichst frische Brennesseln mit kochendem Wasser.*

Holz konserviert man *durch mehrfachen Petroleumanstrich.*

Eingetrocknete Holzbottiche *werden wieder wasserdicht, wenn man darin Stroh ausbreitet, Steine darauf legt und Wasser darüber gießt. Fließt auch das meiste Wasser ab, so behält das Stroh doch genügend Feuchtigkeit, um das Aufquellen des Holzes zu bewirken.*

Allerlei nützliche Ratschläge und Anweisungen

Wäsche und Kleidung zu pflegen

Ein knappes Jahrhundert ist es her, daß der folgende Text geschrieben wurde. Aber wie grundlegend haben sich die Zeiten geändert! Und wie wenig mühevoll ist es heute, den häuslichen Wäscheschatz zusammenzutragen und zu pflegen!

„Der wohlgefüllte Wäscheschrank mit seinem weißen, duftenden Inhalt ist der Stolz und die Freude jeder Hausfrau – jeder, denn selbst diejenige, welche sich die Besorgung von Küche und Keller nicht allzu angelegen sein läßt, wird doch mit einer gewissen Andacht die Türen des Schreins öffnen, welcher die ihr von der Mutter mitgegebenen Leinenschätze birgt. Das ist das Heiligtum und der Stolz der Hausfrau.

Nicht selten kann man Frauen über eine am Dutzend fehlende Serviette, über ein durch Flecken oder Löcher verunziertes Tafeltuch in Unmut geraten sehen. Schließlich war die Bereitung und Erhaltung des Linnenzeuges von alters her das Geschäft der Frauen. Lang war der Weg und groß die Mühe, bis aus dem Flachsstengel der Linnenfaden, aus diesem Garn, aus dem Gespinst Webestoff und daraus endlich das fertige Linnenstück wurde. Das Leben der Frauen ist heute kaum noch mit der Bereitung des Leinenzeuges erfüllt. Aber eines ist geblieben: die Vorliebe für einen gewaltigen Wäscheschatz.

Während selbst die elegante Amerikanerin sich oft mit wenigen Hemden begnügt, hält die Deutsche auch in bescheidenen Verhältnissen darauf, einen größeren Wäschevorrat zu besitzen. Und man ist besorgt, alles zu pflegen und zu erhalten. Das Waschen der Wäsche gilt als eine edle Beschäftigung.“

Weiße Wäsche *wird beim Waschen hellweiß, wenn man Zitronen- oder Eierschalen mitkocht. Diese bindet man dazu in einen oder mehrere kleine Leinenbeutel.*

Battist *wird vorsichtig in mildem Seifenwasser gewaschen. Nicht wringen. Dann gut nachspülen und schließlich im Schatten trocknen lassen.*

Spitzen und Tüll *wäscht die erfahrene Hausfrau, indem sie diese Stoffe um eine Flasche oder um einen Spitzenwaschapparat wickelt und dann mit Seifenwasser wäscht. Die Teile werden dann gut ausgespült, gestärkt und getrocknet.*

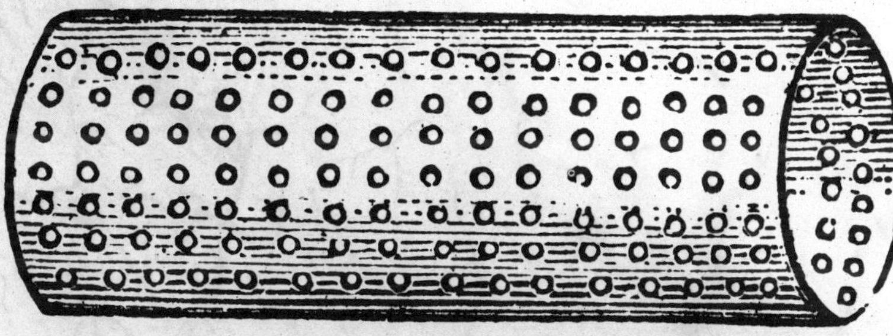

Fig. 20 Spitzenwaschapparat aus Porzellan.

Schwarze Spitzen *wäscht die erfahrene Hausfrau*
- *in einer Schale mit schwarzem Kaffee und plättet sie anschließend zwischen zwei Zeitungsblättern;*
- *oder sie taucht die Spitzen in Bier, drückt sie aus und bügelt sie von links unter Seidenpapier.*

Weiße Spitzen werden schön cremefarbig, *wenn man sie in durchgeseihten starken Kamillentee legt oder den Tee sogleich in die Stärke gibt.*

Spitze läßt sich schonend stärken, *indem man sie noch feucht in dünnes Zuckerwasser taucht.*

Kostbare Seide *wäscht man sehr gut mit Kartoffelstärke, die in breiartigem Zustand mit einer weichen Bürste aufgetragen, eingerieben und schließlich mit weichem Wasser wieder ausgewaschen wird.*

Helle Seidenkleider *werden auf die hier beschriebene Weise gewaschen: Man übergießt dünne Scheiben von frischen, geschälten Kartoffeln mit kochendem Wasser, gießt dieses nach dem Erkalten wieder ab und vermischt es mit der gleichen Menge Weingeist. Mit diesem Pflegemittel geht man mittels Schwamm über den Stoff. Danach halbtrocken und von links bügeln.*

Schwarze Seidenstoffe *wäscht man in einem Aufguß von Tee, dem man etwas Zucker zufügt. Die noch nasse Seide wird dann von links sehr vorsichtig gebügelt.*

Buntseidene Tücher *lassen sich in lauem Flußwasser, in das rohes Eigelb hineingequirlt wird, gut sauber waschen. Mit frischem Wasser wird nachgespült und noch feucht geplättet.*

Satinkleider *gehören in kalte, gut entrahmte Sauermilch. Bei Bedarf wiederholt man diese Prozedur. Nach reichlichem Abspülen preßt man die Stücke zwischen starke Leinentücher und plättet noch feucht.*

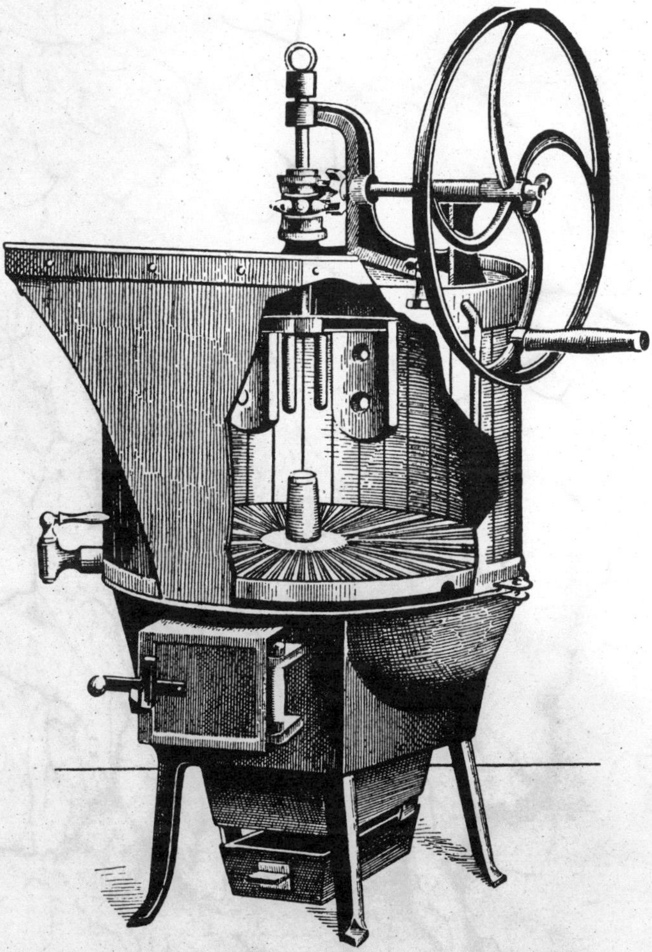

Fig. 21 Moderne Waschmaschine für die große Wäsche

Für Atlas, Brokat und Damast *eignet sich entweder venetianische Seife oder Eidotter als gutes Waschmittel.*

Cremefarbige Kleider und Blusen *reibt man mit heißem Kartoffelmehl mittels grobem Leinentuch ab. Etwaige Flecken beseitigt man durch Einreiben mit einem Teige aus Kartoffelmehl und Benzin.*

Waschkleider mit Stickerei *bügelt man tunlichst von links auf einer Wolldecke.*

Halskrausen und feine Stickereien *weicht man eine Nacht in weiches Wasser ein. Dann seift man sie stark ein und übergießt sie mit kochendem Wasser. Abkühlen lassen. Diese Prozedur wiederholen, bis alles sauber ist. Gut nachspülen und zum Trocknen aufhängen.*

Bunte Stickereien *bügelt man von der linken Seite. Dabei legt man ein weißes, mit Essigwasser getränktes Tuch unter die Stickerei.*

Farbige Wäsche bedarf besonderer Behandlung: *Blaßrote und grüne Farben pflegt man durch Zugabe von Essig zur Waschbrühe. Bei hochroten Farben gibt man Essig in das letzte Spülwasser, Soda erhält Purpurrot und Bleiblau. Schwarze Farbe wird verbessert durch Pottasche, und für blendend weiße Wäsche sorgt Pfeifenton im Waschwasser.*

Kammgarnstoffe *haben häufig glänzende Stellen, z.B. an den Ellenbogen. Man beseitigt sie mittels Einreibungen einer Mischung von 25 g Salz, 25 g Salmiakgeist und 50 g Wasser. Anschließend wird der Stoff mit warmem Wasser gewissenhaft abgebürstet.*

Hellblaue verblichene Kleider *wäscht man in Wasser, dem man einige Tropfen blaue Tinte zugesetzt hat.*

Vergilbte Wäsche

– pflegt man nach intensivem Waschen für 24 Stunden in eine Borax-Lösung zu legen,

– oder man gibt in das letzte Spülwasser etwas Terpentinöl,

– oder man wäscht sie in sauer gewordener Buttermilch und läßt sie darin liegen. Dann mit Seifenwasser nachwaschen und gut klarspülen.

Stärke für besonders feine Wäsche *stellt man aus Kastanien her. Dazu schält, reibt und übergießt man sie mit kaltem Wasser. Dann knetet man die Masse kräftig durch und läßt sie eine Zeitlang stehen. Nach Abgießen des Wassers bleibt dann die Stärke zurück.*

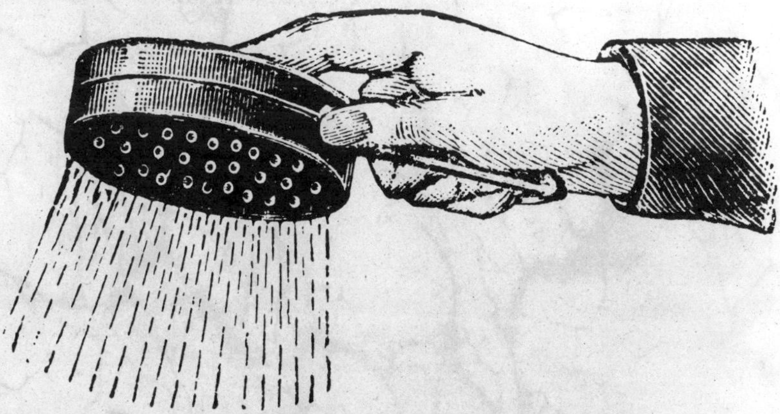

Fig. 22 Praktischer Wäschesprenger.

Stärkewäsche wird ansehnlicher, *wenn die Stärke mit warmem Wasser eingesprengt wird.*

Stärkewasser *setzt man etwas Salz oder weißen Terpentin zu, damit das Bügeleisen beim Plätten nicht anklebt.*

Herrenlangbinder *wäscht man in einer Lauge von 1 Eßlöffel Waschpulver und 2 Liter kaltem Wasser. Dem letzten Spülwasser gibt man etwas Essig bei. Im Frottiertuch trocknen und heiß bügeln.*

Silberne Borden *legt man 24 Stunden in geronnene Milch. Dann spült man sie in Spiritus nach und hängt sie – mit Gewichten beschwert – zum Trocknen auf.*

Ältere Gardinen, die nicht mehr recht weiß werden wollen,
- *spült man in einem Aufguß von Lindenblütentee. Sie werden dann schön cremefarbig,*
- *oder man brüht 10 g Rhabarber mit 1/2 Liter Wasser und gibt den Sud der Stärke bei.*

Gardinen *lassen sich gut stärken im Kochwasser von Reis.*

Weißwollene Halstücher *reibt man mit Weizenmehl sauber. Gut ausschütteln.*

Wollene Strümpfe *filzen nicht so leicht, wenn man sie vor dem ersten Tragen mit einem sehr nassen Tuch und einem heißen Eisen so lange bügelt, bis das Tuch trocken ist.*

Strickkleider, *die sich beim Waschen ausgeweitet haben, legt man erst in heißes, dann in kaltes Essigwasser.*

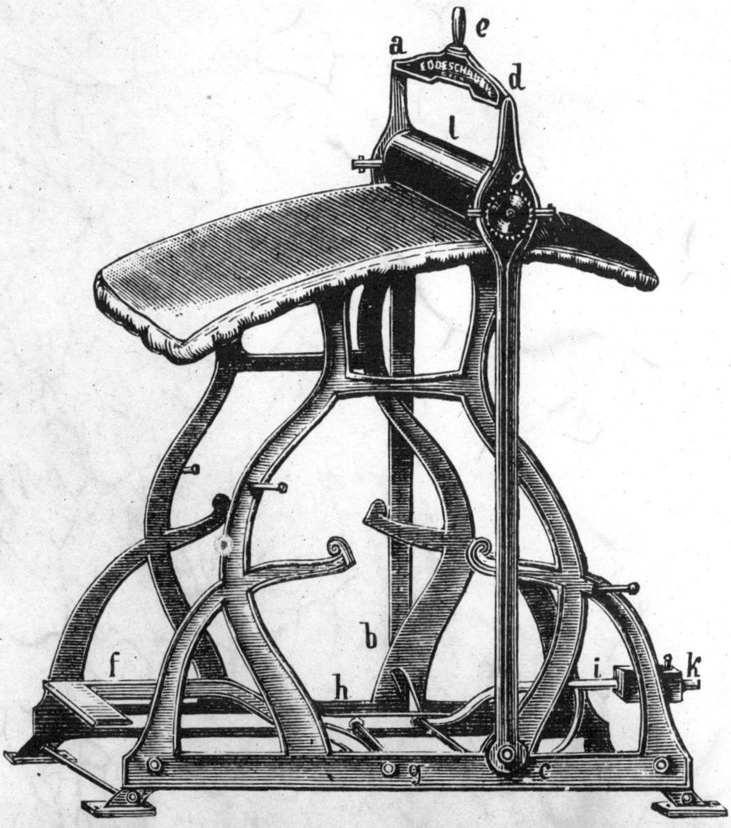

Fig. 23 Bügelmaschine für große Haushaltungen, die mit Gas erwärmte Stahlwalze l wird mit der Hebelvorrichtung a, b, c, d, e über das gekrümmte Brett geführt. Durch den Tritt auf die horizontale Hebelvorrichtung f, g, h kann die Stahlwalze entsprechend dem Bügelgut mehr oder weniger angehoben werden. Die Gewichte i, k ermöglichen einen unterschiedlich großen Druck. Der Vorteil dieser Maschine liegt in der soliden und wesentlich billigeren Konstruktion gegenüber anderen Maschinen mit komplizierten Räderwerken.

Wollsachen *wäscht man schonend in Kartoffelwasser. Dazu reibt man 1 große Kartoffel in 1 Liter Wasser. Gut spülen.*

Wollwäsche geht nie ein, *wenn man beim Trocknen die Seife darinläßt. Man wäscht mit lauem Wasser und viel Seife und trocknet langsam an der Luft. Nach dem Abtrocknen reibt man die Seife heraus.*

Wolldecken *werden über Nacht in Milch gelegt und dann mit klarem Wasser gut gespült. So bleiben sie wunderbar weich.*

Bedruckte Baumwollkleider *pflegt die Hausfrau in abgerahmter Süßmilch ohne Seife zu waschen. Danach wird tüchtig gespült. Fettflecken verschwinden ebenso.*

Dunkelfarbige Wollstrümpfe *werden, um die Farbe zu erhalten, am besten in lauwarmem Efeublätter-Sud gewaschen.*

Riechkissen pflegt die gute Hausfrau zwischen die Wäsche zu legen: *Dazu füllt sie ein kleines Leinenkissen mit an der Luft getrockneten und gepulverten Blättern und Blüten von Drachenwurz, Melisse, Krauseminze, Rosmarin, Wacholder, Gundermann, Stabwurz, Origanum, Lorbeer, Majoran, Ysop. Außerdem setzt sie etwas Zimt, Muskatnuß, Macis, Nelken, Angelikawurzel, Rosen- und Sandelholz (sämtlich gestoßen) hinzu und mischt alles gewissenhaft.*

Allerlei nützliche Ratschläge und Anweisungen

Flecken zu beseitigen

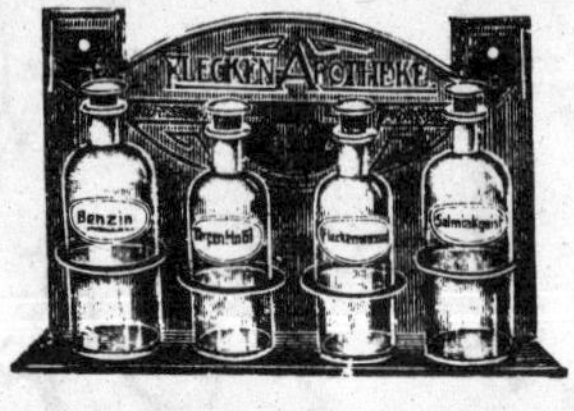

Mit der Hilfe von Reinigungsunternehmen und zahlreicher Fleckenwasser-Fläschchen wird es der heutigen Hausfrau – und auch dem Mann – leicht gemacht, der „allgemeinen Schmuddligkeit“ Herr zu werden, von der in dem folgenden Text die Rede ist. Früher war es viel komplizierter, Flecken aller Arten zu beseitigen. Ausführliche Anweisungen und Tabellen – nicht nur in Haushaltsbüchern, sondern sogar auch in Kochbüchern – können wortreich davon berichten.

„In dem eng umgrenzten, aus Kleinigkeiten zusammengesetzten Hausfrauenleben handelt es sich wohl nicht um das Erwerben einer großen Summe, als vielmehr um das kopekenweise Ersparen einer solchen. Dieses sehen wir täglich nicht nur im Bereich der Küche, sondern auch im Hinblick auf unsere Garderobe.
Wenn die sorgende Hand der Hausfrau beizeiten eingreift, so ist bei allen Flecken fast immer Hilfe möglich. Verschiebt man die Reinigungsoperation aber, so erschwert dies die Arbeit ungemein.
Das kostbarste Kleid ist nicht mehr das, was es einmal war, sobald Flecke oder Risse seine Schönheit entstellen. Unwillkürlich schließt man von dem Äußeren einer Frau, von ihrer Kleidung auf ihr Inneres.
Am unangenehmsten ist sehr wohl die ‚allgemeine Schmuddligkeit‘, die dem ganzen Kleide den Stempel des Verbrauchtseins aufdrückt.“

Flecken unbekannter Ursache *pflegt man in kochende Milch, Butter oder Sauermilch zu legen. In der Sonne trocknen lassen und dann mit kaltem Wasser gut abwaschen.*

Stockflecken in der Wäsche *bestreicht man gewissenhaft mit einer Lösung aus 10 Teilen Wasser, 1 Teil Salz und 1 Teil Salmiak. An der Luft trocknen lassen. Nach einigen Stunden normal waschen.*

Sengflecken vom Bügeln *sollte man mit Essig oder mit frischem Zwiebelsaft auswaschen. Hilft das nicht, so reibt man den Flecken mit feuchtem Salz ein und legt das Wäschestück in die Sonne. Notfalls diese Tätigkeit wiederholen.*

Rostflecken in Wäsche *reibt man mit saurer Milch oder mit Kleesalz ein. Gut nachzuwaschen sei angeraten.*

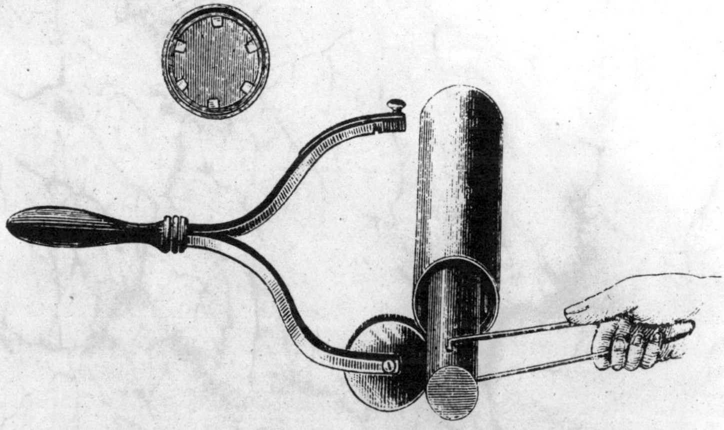

Fig. 24 Plätteisen der Zukunft, das sich durch seine elegante Handhabung auszeichnet und mit einer im Ofen oder Herd erhitzten Stahlrolle betrieben wird.

Fettflecken in Seidenstoffen *reibt man mit Terpentinöl ein. Dann legt man Seidenpapier darüber und bügelt mit einem heißen Eisen nach.*

Fettflecken in Wollstoffen *bestreicht man mit Eigelb, das man mit etwas Branntwein verschlägt. An der Luft trocknen lassen, dann ausreiben und nachwaschen.*

Fettflecken in Leinen *lassen sich, wenn sie noch frisch sind, mit trockenen Kartoffelschalen herausreiben.*

Fett aus Anzugkragen und Hüten *reibt man mit Hirschhornsalz oder mit einer milden Salmiaklösung (10 Teile Wasser, 1 Teil Salmiakgeist) heraus. Mit lauem Wasser nachwaschen.*

Blutflecken in Seidenstoffen *werden mit einem Läppchen mit Spiritus entfernt. Man muß etwas Geduld haben.*

Blutflecken in allen anderen Stoffen *werden in Wasser eingeweicht und dann mit starker Sodalösung ausgewaschen. Gut nachspülen.*

Blutflecken auf feinen Handarbeiten *kann man besonders auch mit angefeuchteter Stärke herausbekommen. Gut einstreichen, trocknen lassen und abbürsten.*

Unangenehme Schweißflecken *entfernt man sehr gut mit einer Mischung aus 3 Teilen Äther, 3 Teilen Alkohol und 1 Teil Salmiakgeist.*

Tabakflecken in weißen Taschentüchern *entfernt man mit Spiritus. Einreiben und eine Zeitlang liegen lassen. Danach erst in Alkohol, dann in klarem Wasser kräftig reiben.*

Stearinflecken in Wollstoffen *lassen sich spurlos entfernen. Die Rückseite des Stoffes wird gehörig mit kaltem Wasser befeuchtet. Daraufhin läßt sich der Fleck auf der rechten Seite ganz leicht mit einem sauberen Tuch herausreiben.*

Stearinflecken aus anderen Stoffen und aus Teppichen *entfernt man durch Ausbügeln mit Lösch- oder Fliespapier. Ränder reibt man mit Kölnisch Wasser heraus.*

Parfumflecken *lassen sich mit Spiritus oder mit warmem Glyzerin entfernen.*

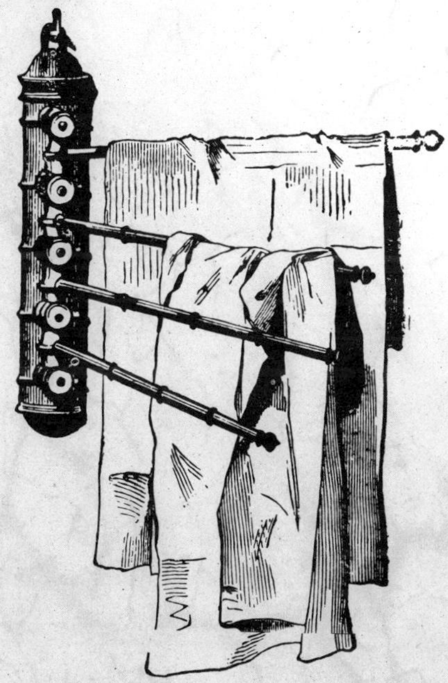

Fig. 25 Praktischer Handtuch-, Wäsche- und Kleidertrockner.

Tintenflecken beseitigt man
- *mit dem Kochwasser von weißen Bohnen (ohne Salz),*
- *oder mit ein paar Tropfen Zitronensaft, die man danach gut auswaschen muß,*
- *oder durch Einreiben mit Kleesalz.*

***Rote Tintenflecken** bestreicht man mit Senf. Die Kleidung muß gut nachgewaschen und ausgespült werden.*

***Tintenflecken in Teppichen** reibt man mit Salzwasser oder mit feuchter Zigarrenasche aus.*

***Kopier- und Tintenstiftflecken** entfernt man mit Spiritus.*

***Grasflecken** werden mit Butter eingerieben und dann mit grüner Seife ausgewaschen. Mit kochendem Wasser übergießen und mehrfach spülen.*

***Bierflecken,** die beim einfachen Waschen nicht herausgehen, wäscht man mit scharfem Salzwasser oder mit lauwarmem Salmiakwasser aus. Gut nachwaschen und spülen.*

***Hartnäckige Rotweinflecken** reibt man mit Zitronensaft oder mit kochendem Branntwein ein. Danach gut auswaschen.*

***Weinflecken** bestreut man mit Salz, dann reibt man sie mit Zitronensaft aus und wäscht sie klar.*

***Kaffeeflecken** entfernt man gut mit verdünntem Glyzerin.*

***Kakaoflecken** reinigt man nur mit Wasser, also ohne Seife.*

***Teeflecken** reibt man heraus mit einer Mischung aus Eigelb und Glyzerin. Gut nachwaschen.*

Beerenflecken *verschwinden, wenn man Seifenbrei mit Regenwasser anrührt, auf die Flecken streicht und Pottasche darüberstreut. Nach 24 Stunden auswaschen.*

Heidelbeerflecken *reibt man mit saurer Milch oder mit Zitronensaft heraus. Gut nachspülen.*

Kirschflecken *werden mit Seifenwasser ausgewaschen. Hilft das nicht, legt man das Kleidungsstück 12 Stunden in Milch.*

Fig. 26 Apparat für kraftsparendes Wäscheauswringen.

Flecken auf schwarzem Taft *reibt man mit Branntwein oder Kölnisch Wasser heraus. Man kann den Taft auch mit Nesselwasser waschen.*

Flecken in Samt *lassen sich mit einigen Tropfen Zitronenöl oder Terpentingeist leicht herausreiben.*

Fettflecken in Samt *reibt man mit einem Baumwoll-Läppchen heraus, das man zuvor in Zitronenöl getränkt hat. Danach wird der Samt gedämpft und aufgebürstet.*

Flecken aus Seidenstoffen *lassen sich mit folgender Mischung entfernen: Man verrührt 50 g Honig, 50 g weiße Seife und 12 Deziliter starken Branntwein. Damit reibt man mit einer weichen Bürste die Flecken ein. Nachspülen und noch feucht von der linken Seite bügeln.*

Teerflecke auf Strandsachen *werden mit Fett bestrichen und stark eingeseift. Einwirken lassen. Dann abwechselnd mit Terpentinöl und heißem Wasser auswaschen.*

Flecken von Wagenschmiere *bestreicht man mit Butter. Dann wäscht man die Kleidungsstücke vorsichtig mit grüner Seife aus.*

Allerlei nützliche Ratschläge und Anweisungen

Accessoires zu pflegen

Kritik an den Tausenden und Abertausenden wird hier geübt, die „blindlings den Geboten der Mode folgen" – hat sich da so sehr viel geändert? Gibt es k e i n Modediktat mehr? Gilt es für die Frau nicht immer noch, dem Mann zu gefallen – durch Schönheit? Eines hat sich ganz sicher verändert – der Schönheitsbegriff selbst. So liest sich, was man einst der „höheren Tochter" riet:

„Bei der Herrichtung unserer Toilette kommt es weniger auf die große Kostbarkeit derselben an, als auf die geschmackvolle Zusammenstellung der Farben und den gefälligen Schnitt. Hauptsächlich aber darauf, daß der Anzug mit Figur, Haar und Gesichtsschnitt, mit Alter und Lebensstellung im Einklang stehe. Und das gilt auch von dem Schmuck, der kein für sich bestehender Einzelteil der Toilette sein darf, sondern sich dem Gesamtbilde eingliedern muß, wobei Alter u n d Stellung der Trägerin das wichtigste Wörtlein mitzureden haben.

Nicht nur die Frau selbst, ihre Persönlichkeit, ihr inneres Wesen sind im Laufe der letzten Jahre ein Gegenstand heißen Kampfes geworden. Auch ihr Äußeres, ihre Kleidung gaben Anstoß zu einer neuen Bewegung, die Ärzte-, Künstler- und Laienkreise gleichermaßen erfaßte. Tausendfach angegriffen, mit Spott- und Schmähreden überschüttet, hat die Kleidung der Frau sich unentwegt weiterentwickelt.

Vom Natürlichen zum Unnatürlichen, vom Schönen zur Karikatur und zurück, zahllose Wandlungen durchlaufend.

Vor einigen Jahren bereits hat sich ein ‚Verein zur Verbesserung der Frauenkleidung' gebildet, der viele Freunde und

Anhänger gefunden hat. Aber was will diese Gemeinde sagen gegenüber den Tausenden und Abertausenden, die heute wie vor so und so viel Dezennien schon, blindlings den Geboten der Mode folgen – weil das, was sie vorschreiben, jeweilig für schön gilt. Und Schönheit schwebte den Frauen aller Zeiten als das am meisten zu erstrebende Ziel vor – um dem Manne zu gefallen!"

Fig. 27 Neuartige Unterkleidung für Damen: links Hemdhose, rechts Hemdhose mit anknöpfbarem Unterrock.

Strohhüte *reinigt man zunächst vom Staub. Dann bürstet man mit einer Zahnbürste Zitronensaft ein und legt den Hut eine Stunde ins Dunkle. Dann bestreut man den Hut mit pulverisiertem Schwefel und reibt mit einem Flanell-Lappen nach. Zuletzt bürstet man Staub und Schwefel ab.*

Schwarze oder braune Strohhüte *frischt man auf mit schwarzem oder nußbraunfarbenem Spirituslack. Man trägt ihn mit einem feinen Haarpinsel 2–3mal auf und läßt den Lack langsam trocknen.*

Samthüte, die naß geworden sind, *dürfen nicht abgerieben werden. Sie müssen an der Luft trocknen. Dann nach Möglichkeit dämpfen und bürsten.*

Nasse Zylinderhüte *läßt man an der Luft trocknen. Dann hält man ein reines Tuch über Wasserdampf und reibt damit den Zylinder ab.*

Helle Filzhüte *werden leicht unansehnlich. Man reinigt sie durch Reiben mit zerknülltem weißem Seidenpapier.*

Straußenfedern *verlieren leicht ihr gelockertes Aussehen. Dann hält man die schwarzen über den Rauch von auf glühenden Kohlen gestreutem Zucker. Bei weißen Federn zieht man die Fahne zwischen dem Daumen und einer stumpfen Messerklinge durch.*

Schirme aus Seide und Kunstseide *dürfen zum Trocknen nie ganz aufgespannt werden. Der Stoff wird sonst zu stark gedehnt und verliert seine Spannkraft.*

Fig. 28 Zweckmäßige Kleidung für Tennisspielerinnen

Regenschirme, *die ihre Farbe verloren haben, werden mit Spiritus abgebürstet.*

Glacéhandschuhe *wäscht man auf folgende Weise: Man zieht sie sich zunächst über und bestreicht sie dann mit einem Eigelb, so, als ob man sich die Hände reibt. Dann wäscht man sie so lange in Buttermilch, bis sie sauber sind. Nachgespült wird ebenso in Buttermilch und schließlich im Schatten getrocknet.*

Glacéhandschuhe ziehen sich leichter an, *wenn sie innen mit Talkumpuder ausgestreut werden.*

Wildlederhandschuhe *wäscht man mit einer Mischung aus 5 Teilen Wasser und 1 Teil Salmiakgeist. Dann spült man die Handschuhe in warmem Seifenwasser durch und drückt sie in einem sauberen Tuch aus. An der Luft trocknen. Wenn sie fast trocken sind, zieht man die Handschuhe über und bearbeitet sie mit einer sauberen Bürste.*

Schmutzige Samtkragen *werden mit Benzin gereinigt. Danach reibt man sie – gegen den Strich – mit einer aufgeschnittenen Zwiebel nach.*

Samtkleider, die gereinigt werden müssen, *behandelt man mit folgender Mischung: Man übergießt 3 große, in Scheiben geschnittene Kartoffeln mit 1 Liter kochendem Wasser und läßt sie darin erkalten. Kartoffelwasser durchseihen und mit dem gleichen Quantum Spiritus versetzen. Damit streicht man den Samt auf der rechten Seite ab. Von der linken Seite wird er dann mit milder Hitze gebügelt. Dazu legt man das Kleid auf ein sauberes, leinenes Tuch.*

Zerdrückte Samtkleider *reibt man mit Petroleum auf der Samtseite ab. Dann sehr gut auslüften!*

Badeanzüge, die in salzigem Meerwasser benutzt wurden, *läßt man 1–2 Stunden in abgekühltem Kartoffelwasser liegen. Danach mit Leitungswasser gut klarspülen.*

Beim Nähen dicker Stoffe *reibt man die Nadel mit Seife ein.*

Nadeln lassen sich mühelos einfädeln, *wenn man sie in ein kontrastfarbenes Papier steckt – hell bei dunklem Faden, dunkel bei hellem Faden.*

Gestärkte Manschetten und Oberhemden *lassen sich mühsam zuknöpfen. Sie zerknittern nicht, wenn man auf die Innenseite der Knopflöcher einen Tropfen Wasser gibt.*

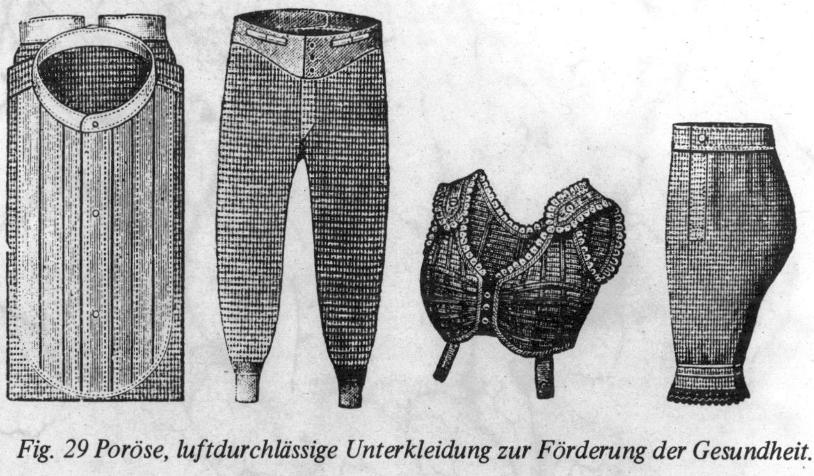

Fig. 29 Poröse, luftdurchlässige Unterkleidung zur Förderung der Gesundheit.

Stopfen kleiner Löcher *geht am unsichtbarsten mit herausgezogenen Fäden aus demselben Stoff.*

Risse in ganz feinen Geweben *näht man fast unsichtbar mit entsprechend farbigem Haar.*

Trennmesser macht man billig selbst *aus einem Korken, in den man eine alte Rasierklinge steckt.*

Wollgarn läuft nicht ein, *wenn es mit kaltem Wasser aufgesetzt und zum Kochen gebracht wird. Nach 10 Minuten gibt man die Wolle in eiskaltes Wasser und läßt sie an der frischen Luft trocknen.*

Strickwolle, die aufgetrennt worden ist, *wird wieder glatt, wenn man sie fest auf ein Brett aufwickelt, in heißes Wasser taucht und an der Luft trocknen läßt. Danach wickelt man sie locker auf.*

Modergeruch in Wollkleidern, *die längere Zeit gelagert werden, verhindert man, wenn man Holzkohlen dazwischen legt. Die Kleider werden vor Gebrauch längere Zeit in frische Zugluft gehängt und schließlich mit verdünntem Salmiakgeist abgerieben.*

Wasserdicht macht man Stoffe *mittels folgender Lösung: Man löst 125 g Alaun in wenig heißem Wasser auf, gibt 125 g Bleizucker dazu und die erforderliche Menge lauwarmes Wasser, um den zu behandelnden Stoff ganz darin einzuweichen. Den legt man 24 Stunden lang in diese Lösung und hängt ihn dann unausgewrungen auf.*

Wasserdichte Mäntel *erhält man, indem man sie mit einer essigsauren Tonerdelösung 1:10 tränkt und möglichst schnell trocknet.*

Falten und Knitter aus Kleidern *verschwinden ohne Bügeln, wenn man die Kleidungsstücke ein paar Stunden über eine Badewanne hängt, die mit heißem Wasser gefüllt ist.*

Bügelfalten halten besser, *wenn man sie von der linken Seite mit feuchter Stärke einreibt, bevor man sie bügelt.*

Fig. 30 Automatischer Hosenspanner, der mühsames Bügeln überflüssig macht und jeweils von oben in die Hosenbeine eingeschoben wird, verstellbar für jede beliebige Hosenweite.

Strümpfe *nehmen von allen Kleidungsstücken den meisten Schweiß auf. Es ergibt sich hieraus von selbst, daß es sehr empfehlenswert ist, dieselben öfter, und zwar auch noch aus dem Grund zu wechseln, weil sie, zu lange getragen, die Wärme nicht mehr festhalten.*

Strümpfe schont man, *wenn man die Schuhe mit einer selbstgeschnittenen Sohle aus Samt auslegt.*

Neue Lackschuhe *reibt man mit Rhizinusöl ein, so besteht keine Gefahr, daß sie brüchig werden.*

Lackschuhe wärmt man an, *wenn man mit ihnen bei großer Kälte hinausgehen muß. Sie brechen dann nicht.*

Nasse Schuhe trocknet man schnell,

– *indem man sie locker mit trockenem Zeitungspapier füllt und dasselbe anbrennt. Die Asche läßt man in dem Schuh,*
– *oder indem man sie mit trockenem Hafer oder mit Erbsen, Kleie oder trockener Asche füllt und an einen warmen, jedoch zugigen Ort stellt.*

Lederschuhe erhält man weich und glänzend, *wenn man sie täglich mit Eiweiß bestreicht. Dazu nimmt man am besten die Reste aus den Eierschalen.*

Weiße Stoff- oder Tennisschuhe *putzt man mit einem Brei aus Kreidepulver und Wasser.*

Zu enge Schuhe weitet man, *indem man mit nassen Strümpfen darin herumläuft. Man kann auch Brennspiritus hineingießen und dann die Schuhe eine Weile tragen.*

Schnürsenkel sind besonders haltbar, *wenn man sie vor dem Gebrauch in essigsaure Tonerde legt.*

Kinderschuhe *stoßen an den Spitzen nicht mehr so schnell durch, wenn man die Sohlen vorn etwas überstehend aufbringen läßt.*

Schuhe glänzen besonders, *wenn man beim Putzen etwas Kaffee darüberspritzt.*

Glänzen Schuhe nicht mehr so recht, *so reibt man sie mit einer halben Zwiebel ein und mit einem Wollappen nach.*

Brokatschuhe *werden mit einem Wattebausch gereinigt, den man in Weingeist getaucht hat.*

Nasse Schuhe *füllt man mit heißen, zerkleinerten Kastanien.*

Fig. 31 Moderner Herrenschuh, der den Anforderungen nach einer guten Belüftung des Fußes absolut gerecht wird und besonders in den Sommermonaten dankbare und zufriedene Träger findet.

Schuhwichse selbstgemacht:

– *Man schmilzt 2 Teile Fischtran zusammen mit je 1 Teil gelbem Wachs und 1 Teil Terpentin und gibt der Mischung durch Kienruß die schwarze Farbe.*
– *oder man verrührt miteinander 1/2 Lot ausgeglühten Kienruß, 4 Lot braunen Farinzucker, 1/2 Lot starken Branntwein und 2 Pfund Bieressig,*
– *oder man mischt 1 Lot Kienruß mit einer Obertasse voll Branntwein, gibt dazu 5 Obertassen voll Regenwassers und 2 Lot gelben Wachs, fein zerschnitten, läßt dieses alles unter beständigem Umrühren kochen, bis alles aufgelöst ist. Abkühlen lassen unter Rühren.*

Schuhe putzt man im Notfall, *wenn man keine Schuhwichse hat, mit einer Speckschwarte.*

Fig. 32 Praktisches Wichsetui, besonders gut geeignet für die Reise, mit zwei Bürsten, zwei Putztüchern und zwei Dosen Schuhwichse.

Goldene Ketten, die durch langes Tragen blind geworden sind,
– *reinigt man in einer Flasche, in die man eine milde Seifenlauge gibt. Man schüttelt die Kette in der Flasche gut hin und her und spült hinterher gut nach,*
– *oder man reibt die Kette mit einer frisch aufgeschnittenen Zwiebel ab, spült sie und reibt sie dann mit einem wollenen Tuch trocken.*

Silberzeug *legt man längere Zeit in saure Milch, dann glänzt es wieder. Mit klarem Wasser nachspülen.*

Perlen *reinigt man in einer Mischung aus Milch und milder Seifenlauge. Mit Wollappen nachreiben.*

Unscheinbar gewordene Perlen erhalten neuen Glanz,
– *wenn man sie in einen Brotteig steckt und eine Zeitlang der Hitze des Backofens aussetzt,*
– *oder man legt die Perlen in ein feines Leinenläppchen, bestreut sie mit Salz, bindet das Läppchen zusammen und schwenkt das Säckchen in reinem Wasser so lange, bis das Salz ausgespült ist. Bei gewöhnlicher Temperatur trocknen.*

Korallen *reinigt man mit einem Leinenlappen, den man mit milder Seifenlauge getränkt hat. Sodann wird mit einem Ledertuch nachpoliert.*

Edelsteine reinigt man
– *mit pulverisiertem Hirschhorn, welches in Spiritus aufgelöst wird. Für die Reinigung nimmt man eine kleine Bürste und zum Nachreiben alte Leinwand,*
– *oder mit schwarzem Pfeffer und einem weichen Lappen.*

Türkise, die bleich geworden sind, *legt man eine Weile in süßes Mandelöl. Mit einem Lederlappen nachreiben.*

Elfenbein bleibt weiß, *wenn man es in Gläsern verwahrt und von allen Seiten Licht und Sonne aussetzt.*

Vergilbtes Elfenbein *legt man in Terpentinöl und läßt es von allen Seiten von der Sonne bescheinen. Herausheben und mit einem Flanellappen gut abreiben.*

Bernstein *glänzt wieder, wenn man ihn mit einem wollenen Lappen abreibt, den man zuvor mit Weingeist getränkt hat.*

Schmuckfedern *werden rein und weiß, wenn man sie 24 Stunden in unterschwefeligsaures Wasser, dann in Seifenschaum badet und in der Sonne trocknet.*

Farbige Ledergürtel *reinigt man mit einem Baumwollappen, der mit heißem Wasser und Hirschhornsalz getränkt ist.*

Allerlei nützliche Ratschläge und Anweisungen

Körper und Gesundheit zu stärken

Sicherlich ist nicht alles unwahr oder überholt, was der Hausschatz einst der jungen Frau an Erfahrungen und Überzeugungen überlieferte. Im Grunde genommen hat sich manches gar nicht verändert. Was die Gesundheits- und Krankenpflege betrifft, so ist immer noch die Frau und Mutter der „erste Gesundheitsbeamte im Familienhaushalt", wie es hier zu lesen ist. Und mehr denn je wird in unserer „alternativen" Zeit zurückgegriffen auf die hausfraulichen Hausmittel, die so manches Wehwehchen zu beheben und manchen Arztbesuch zu verhindern wußten.

„Die Frauen sind die ersten Gesundheitsbeamten im Familienhaushalt eines modernen Staates. Sie können, sollen und werden es sein, sobald die richtige Erkenntnis von der überaus großen Wichtigkeit des Gegenstandes erst Gemeingut der Frauen unserer gebildeten Stände geworden ist.

Die Krankenpflege ist das eigenste Gebiet der Frau. Soviel unermüdliche Geduld und zarte Sorgfalt, soviel uneigennützige Hingabe und treue Aufopferung ist der Mann selten zu entfalten fähig, wie dies alles der Frau angeboren und in ihrem ganzen Sein und Wesen begründet liegt."

Riechfläschchen gehören in jeden Haushalt! *Man braucht sie dann und wann bei Ohnmachten und Nervenschwäche. Dafür füllt man in ein Fläschchen ein Gemisch aus 2 Teilen gereinigter Pottasche und 1 Teil salzsaurem Ammonium. Das Fläschchen wird gut verschlossen und nur im Notfall geöffnet unter die Nase gehalten.*

Schlaf ist das wichtigste Schönheits- und Gesundheitsmittel. *Eine Stunde Vormitternachtsschlaf hat dabei mindestens denselben Wert wie zwei Stunden Nachmitternachtsschlaf. Geistig Angestrengte schlafen außerdem am besten v o r dem Mittagessen anstatt nach demselben.*

Schlaflosigkeit behebt man, *indem man die rechte Hand auf die Stirn und die linke hinter den Nacken legt.*
Es hilft auch, über nasse baumwollene Strümpfe trockene Wollstrümpfe zu ziehen. Das leitet das Blut vom Kopf ab und befördert den Schlaf.

Kranken im weißbezogenen Bett *gibt man ein buntes oder buntgerändertes Taschentuch. Sie finden dies sofort wieder und brauchen nicht zu suchen.*

Fig. 33 Willkommene Apparatur für ein Dampfbad im Bett

Bettwärmer *lassen sich selbst herstellen, indem man ein Säckchen oder eine Tonflasche mit reinem, heißem Sand füllt.*

Wärmkissen *füllt man am besten mit Kirschkernen, die man vorher in der Röhre erhitzt hat.*

Kalte Füße verhindert man *durch Einlagen in das Schuhwerk von 6–8fach gefaltetem Zeitungspapier, zurechtgeschnitten in der passenden Form.*

Magendrücken *infolge des Genusses von zuvielen Austern wird zugleich behoben durch langsames Kauen von altem Käse.*

Sodbrennen bekämpft man erfolgreich, *indem man eine Handvoll gebrannter Kaffeebohnen kaut oder eine gute Portion Sauerkraut ißt.*

Lebertran und Rizinusöl *lassen sich leichter einnehmen, wenn man vorher unbehandelte Apfelsinenschalen kaut.*

Gute Verdauung erreicht man, *wenn man in den ersten Stunden der Nacht auf der rechten Seite, danach erst auf der linken Seite schläft.*

Schnittwunden *belegt man mit Heißwasserumschlägen, damit die Blutung zum Stillstand kommt.*

Bei aufgesprungenen Lippen *ist es besonders nützlich, die in Frage kommenden Stellen mit dem Häutchen von Eiern zu belegen.*

Heiserkeit behebt man *durch Gurgelungen mit Salbeitee und Honig. Auch warmer Fliedertee, mit Eigelb und Rum verschlagen, ist empfehlenswert.*

Husten wird schnell gemildert, *wenn man schwarzen Rettich reibt und den Saft mit gestoßenem Kandis verrührt. Stündlich trinken!*

Bei anhaltendem Schnupfen wirkt Salzwasser lindernd. *Man zieht es in kürzeren Zeitabständen in die Nase ein.*

Fig. 34 Zur Abhärtung der Nasenschleimhäute und besonders gegen Schnupfen empfiehlt sich das in dieser Abbildung dargestellte Nasenbad.

Bienen- und Insektenstiche bestreicht man schnell mit einem Brei aus Salz und Wasser. Der Schmerz wird gelindert, die Schwellung verhindert.

Schnelle Erfrischung bringt ein Bad mit reichlich Zitronensaft oder einer großen Handvoll Salz.

Große Aufgeregtheit – z. B. bei unerwartetem großen Ärger – dämpft man schnellstens durch den Genuß von Sodawasser oder Anwendung von Brausepulver.

Zahnbürsten legt man vor dem ersten Gebrauch 24 Stunden in Salzwasser. Sie werden dadurch haltbarer.

Zähne werden wieder herrlich weiß, wenn man sie einmal wöchentlich mit Salz putzt.

Zahnputzgläser sollten einmal wöchentlich mit einem Salz-Essig-Gemisch ausgerieben und dadurch wieder klar werden.

Bei Mundgeruch putzt man die Zähne zusätzlich mit Salbeitee oder man kaut stattdessen Ingwerwurzeln.

Eau admirable – wohlriechendes Wasser:
16 Liter Spiritus von 72 Grad, 5 Liter kochendes Wasser, 1/4 kg Orangenblüten, 1/4 kg eingesalzene Rosenblätter, 50 g Cardamomen, 50 g Gewürznelken, 133 g Pomeranzenschale, 133 g Rosenholz, 133 g Zimmet, 100 g Muskatblüte, 6 g Ambra, 1 g Bisam. Diese Substanzen werden in den Spiritus geschüttet und die Masse in der Ofenwärme digeriert, dann filtriert.

Waschwasser *wird weich und verschönend, wenn man ausgedrückte Zitronenhälften hineinlegt.*

Hausgemachte Handwaschpaste: *Man kocht 1/4 Pfund Reis zu Brei, tut 1 Lot Seife, 1 Lot gereinigte Pottasche, 1 Lot pulverisierte Veilchenwurzel und 2 Lot Puder, außerdem Cederöl, Bergamotöl und Lavendelöl, von jedem 15 Tropfen in Weingeist aufgelöst, dazu. Dies wird gut gemischt und in einer Porzellankruke verwahrt.*

Penetrante Gerüche an den Händen *beseitigt man erfolgreich durch Abreiben mit Senf.*

Obstflecken an den Händen *verschwinden durch Waschen mit Buttermilch oder Boraxwasser.*

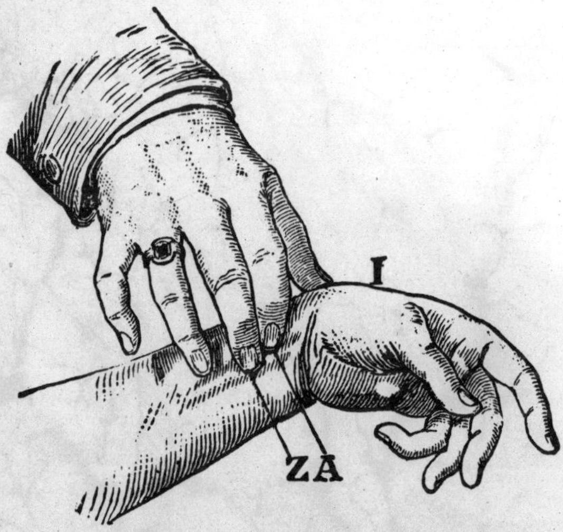

Fig. 35 Richtige Haltung der Hände zum Fühlen des Pulses.

Kämme reinigt man mit Hilfe einer alten Zahnbürste und Salmiakgeist. Man spült mit schwachem Sodawasser gut nach.

Haarbürsten lassen sich vorzüglich mit Eigelb reinigen, das man tief in die Bürsten streicht. Ist es trocken und hart geworden, wird es ausgerieben und die Bürste in heißem Wasser gewaschen.

Kopfschuppen verschwinden nach mehrfachem Einreiben der Kopfhaut mit Eigelb. Das Haar muß gut ausgespült werden.

Haarefärben bei älteren Personen ist entweder zwecklos oder gefährlich und wird deshalb am besten unterlassen. Bei Säuglingen dagegen, welche unerwünschte rote Haare zu bekommen scheinen, wäscht man den Kopf häufiger mit dicker Milch. Die Haare werden dann gelbblond.

Hausgemachte Haarpomade: Man gießt auf 20 g gepulverten Tabak 1/4 l kochendes Wasser, seiht nach 10 Stunden durch, drückt den Tabak aus, decantiert die Flüssigkeit und dampft sie dann im Wasserbade ab. Es werden 6–7 g Flüssigkeit restieren, die man mit 66 g gereinigtem Rindsmark vermischt. Diese Pomade dient besonders gegen Haarausfall.

Einen zackigen Herrenscheitel und fest anliegende Haare erreicht man durch Pflege derselben mit einer geschmeidigen Mischung aus 1 Teil Rizinusöl und 9 Teilen 96prozentigem Weingeist.

Schweißgeruch in den Schuhen vertreibt man, indem man sie mit übermangansaurem Kali ausreibt.

Fig. 36 Gymnastik-Apparat in der Türnische: Man hängt die Steigbügel über die Rollenbefestigung, legt soviel Gewichte ein wie gewünscht, halte sich an der Türklinke fest und steige 30 bis 100 mal auf und ab, lasse aber beim Heben der Beine die Gewichte nicht plötzlich fallen.

Müde Füße *badet die erschöpfte Hausfrau in Zitronenwasser.*

Hühneraugen *werden täglich mit Kernseife eingerieben, bis sie nach einigen Wochen verschwinden.*

Schweißfüße beseitigt man *durch Einfüllen frischer oder im Schatten getrockneter Eichen- oder Weidenblätter in die Schuhe.*

Seekrankheit *kann man beheben durch einige Schluck Seewasser. Bei den Matrosen gilt Hering mit Knoblauch als Geheimtip, oder Brot, das in Essig eingeweicht worden ist.*

Sonnenstiche vermeidet man, *wenn man bei heißer Witterung einige grüne Blätter zwischen Kopfbedeckung und Kopf oder ein Büschel grünes Gras im Hut trägt. Immer aber muß der Nacken bedeckt sein.*

Seifige Badeschwämme, die wieder sauber werden sollen,

- *legt man 12 Stunden in eine starke Lösung aus Pottasche und Wasser und spült sie danach gut aus,*
- *oder man wäscht sie in warmem Salzwasser gut durch und legt sie dann für 12 Stunden in Buttermilch. Mit frischem Wasser gut nachspülen,*
- *oder legt sie 24 Stunden in eine starke Salz-Wasser-Lösung und spült mit kaltem Wasser nach.*

Verstopfte Parfumzerstäuber *werden wieder frei durch Einführen eines Besenhaares in die verschlossene Öffnung.*

Brillengläser *reibt man mit Glyzerin oder Seife ab, dann laufen sie nicht an.*

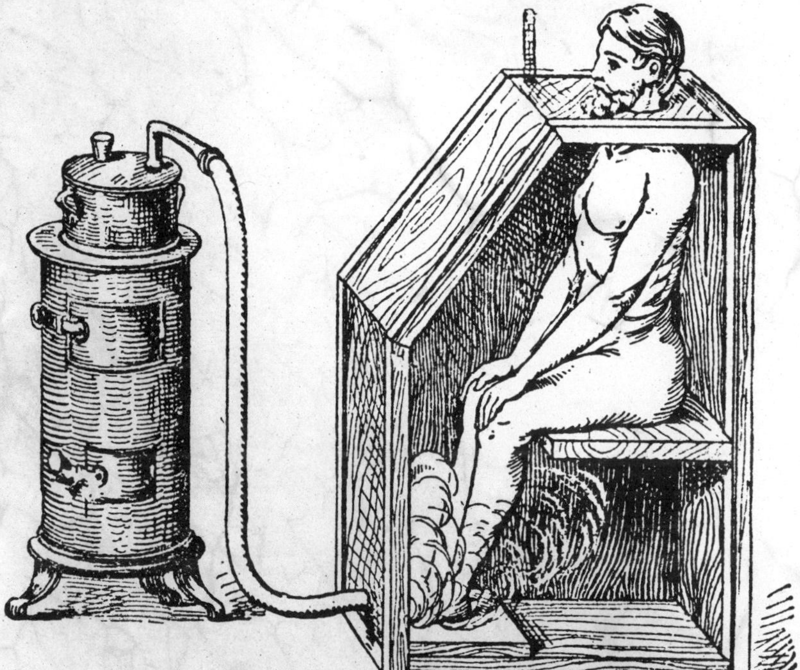

Fig. 37 Moderner Dampfkasten, konstruiert für ein Dampfbad im Sitzen, wobei der Kopf an der kühlen Luft außerhalb des Kastens bleibt und reine, unverdorbene Luft atmen kann. Der Dampfkasten wird mit auf einem Ofen hergestellten Wasserdampfe beschickt und empfiehlt sich zur Steigerung der Widerstandsfähigkeit gegen Erkältungskrankheiten vorzüglich. Nach einem Dampfbad sind kalte Abwaschungen angeraten.

Schlittschuhlaufen ist für alle eine vortreffliche Leibesübung, *doch man sollte sich hüten, zu schnell gegen den Wind zu laufen. Auch darf es nicht zur Passion und Kindern unter 9 Jahren gestattet werden. Man schließe beim Laufen den Mund und atme nur durch die Nase, damit die kalte Luft nicht in die erhitzten Lungen dringt. Alle halsbrecherischen Künste unterlasse man. Ruhiges Laufen schadet auch dem schwächlichen Körper nicht, im Gegenteil, es nützt ihm.*

Allerlei nützliche Ratschläge und Anweisungen

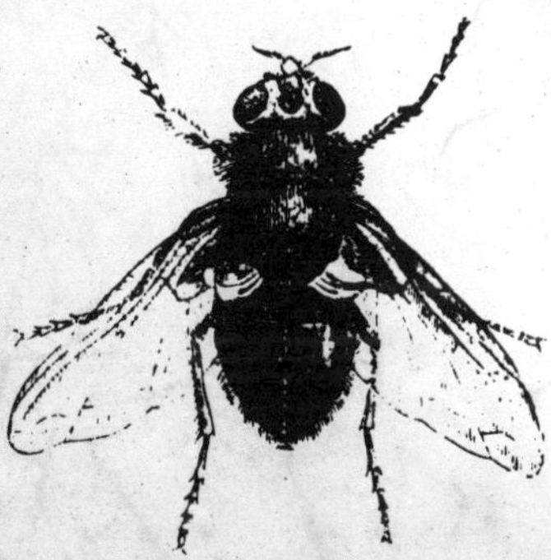

Ungeziefer zu vertilgen

Damals schon – 1886, als das „Töchteralbum“ erschien, aus dem die nachfolgenden Zeilen stammen –, damals schon „sprach man nicht darüber“. Über Ungeziefer nämlich. Aber man hatte sie im Haus. Wie heute. Und sehr verschämt und unerhört bemüht versuchte man, den kleinen und großen Krabbeltieren den Garaus zu machen. So mancher schon Generationen hindurch bewährte Ratschlag hat, was dieses Kapitel betrifft, seine Gültigkeit durchaus nicht verloren.

„Man spricht nicht gern davon. Aber man kann es leider nicht totschweigen – denn es macht sich in gar unangenehmer Weise fühlbar, dieses Heer der geschwänzten und geflügelten Plagegeister, gegen das in guten, ordentlichen Haushaltungen ein erbitterter, energischer Kampf geführt wird, der glücklicherweise in den meisten Fällen nur eine kurze Zeit durchgestanden werden muß.
Es läßt sich leider nicht immer vermeiden, Ungeziefer im Hause zu haben. Es ist da, weiß nicht von wannen es gekommen, plötzlich, unversehens – und macht keine Miene, freiwillig wieder das Feld zu räumen.
Zum Glück jedoch gibt es kein Insekt und kein Nagetier, dem nicht beizukommen, und das nicht durch Achtsamkeit, Reinlichkeit und Ausdauer zu vertilgen wäre!“

Flöhe vernichtet man, *wenn man im Dunkeln eine Schüssel mit Seifenwasser aufstellt, auf die man eine dünne Schicht Öl gibt. In die Mitte stellt man eine brennende Kerze oder ein Nachtlicht. Die Flöhe springen gegen das Licht, werden vom Öl festgehalten und fallen in das Seifenwasser.*

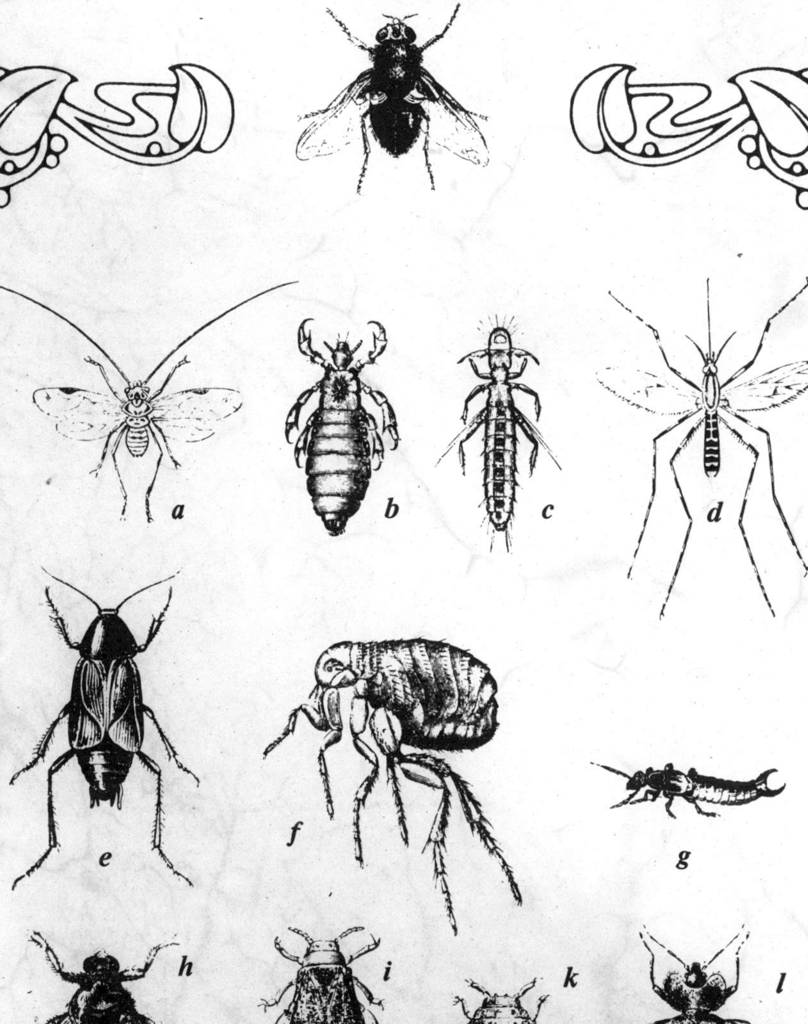

Fig. 38 Ungeziefer im Haushalt: ***a*** *Langfühlerige Holzlaus* ***b*** *Kopflaus* ***c*** *Hühnerlaus* ***d*** *Geringelte Stechmücke* ***e*** *Küchenschabe* ***f*** *Menschenfloh* ***g*** *Ohrwurm* ***h*** *Pferdelausfliege* ***i*** *Geflügelte und* ***k*** *ungeflügelte Reblaus* ***l*** *Bettwanze*

Kopfläuse bekämpft man erfolgreich, *indem man das Haar kräftig mit Petroleum oder Rosmarinöl einreibt, eine wollene Haube darüberzieht und das Haar am nächsten Tag mit lauwarmem Sodawasser kräftig auswäscht. Mit einem Staubkamm sorgfältig auskämmen. Diese Prozedur wiederholen.*

Maden gehen nicht in Käse, *wenn man ihn mit Nußbaum- oder Johannisbeerblättern einwickelt oder Johanniskraut dazwischenlegt.*

Milben lassen vom Mehl ab, *wenn man in dieses entlaubte und getrocknete Ahornzweige steckt.*

Gegen Motten in Wäsche und Kleidungsstücken

– *helfen Blätter und Blütenstengel der Lavendelpflanze;*
– *oder man vermischt Spick-, Wermut- und Terpentinöl zu gleichen Teilen und feuchtet damit kleine Papierstreifen an, die man zwischen die Kleidung legt;*
– *oder man legt Rainfarn und Wermut aus;*
– *oder steckt Panamarinde in die Taschen der Anzüge.*

Motten in Teppichen *vernichtet man sicher, indem man ein Tuch in kochendes Wasser mit Salmiakgeist taucht, es auf die linke Seite des Teppichs legt und mit sehr heißem Eisen langsam darüber bügelt.*

Kellerasseln fängt die pfiffige Hausfrau *mittels einer Flasche, in die sie einen Teelöffel Weingeist schüttet. Sie legt die Flasche so in den Keller, daß die Mündung den Boden berührt. Die Asseln kriechen hinein und können auf diese Weise beseitigt werden.*

Kellerasseln lassen sich ebenso erfolgreich bekämpfen*, indem man eine Kröte im Keller oder Garten aussetzt.*

Küchenschaben fängt man *mit in Bier getränkten Scheuerlappen, die man über Nacht auslegt. Die Schaben sammeln sich darin und können dann vernichtet werden.*
Der starke Geruch von Heringslake vertreibt sie endgültig.

Fig. 39 Schabenfalle bestehend aus einer umgestülpten Glasschüssel, in deren gewölbtem Boden man eine flache kleinere Schale mit Bier stellt. Hierdurch werden die Schaben angelockt und klettern an der Außenwand empor. Oben fallen sie in das Innere des Schalenfußes und können dort aufgrund der steilen, glatten Innenwände nicht mehr herauskommen. Sodann kann man die Schaben mittels kochenden Wassers töten.

Lästige Wanzen kann man leicht abwehren,
– indem man einige Tabaksblätter, Wermut oder Salbei zwischen die Betten legt,
– oder Weingeist und Terpentinöl zu gleichen Teilen mischt, etwas Kampfer dazugibt und fleißig schüttelt. Mit dieser Mischung reibt man dann das ganze Bett, oder wo sich die Wanzen sonst aufhalten, ab,
– oder man stellt für einige Tage eine flache Schale mit Salmiakgeist im Zimmer auf, das dann aber unbewohnt und verschlossen bleiben muß,
– oder man bestreicht die Wände, in denen die Wanzen hausen, mit kochender Alaunlösung.

Fliegen meiden Speisekammern,
– die mit blauem Papier verdunkelt sind,
– oder Fenster, an denen Rizinuspflanzen stehen,
– oder Scheiben, die mit abgekochter Zwiebelbrühe abgewischt worden sind,
– oder den Geruch von frischen Zwiebeln und Zitronen,
– ebenso den Geruch von Lorbeeröl, das man in flachen Gefäßen aufstellt.

***Mücken und Schnaken** vertreibt man durch folgende Prozedur aus dem Zimmer: Zuerst schließt man alle Fenster und Türen. Dann rührt man Honig mit etwas Wein an und bestreicht damit eine Glaslaterne, in die man einige Stunden vor dem Schlafengehen ein brennendes Licht stellt. Alle fliegenden Ungeziefer bleiben im klebrigen Honig an der Laterne hängen. Mit heißem Wasser vorsichtig abwaschen.*

Fig. 40 Bewährte Fliegenfalle aus Glas, aufzuhängen an der Wohnzimmerdecke. In das Innere des Glases wird von oben etwas Spiritus geschüttet und von unten auf den Teller klarer Zucker gestreut. Durch den Zucker werden die Fliegen von unten angelockt und durch den Geruch des Spiritus betäubt, woraufhin sie dann auf dem Teller unten liegenbleiben oder gar im Glas selbst verenden. Dieser Fliegenfänger hat sich in neuester Zeit in allen Haushaltungen gut bewährt.

Stechmücken verschwinden flugs, *wenn sie eine Rizinuspflanze riechen.*

Gegen Mückenbelästigung *halfen schon immer Waschungen mit Wasser, dem 8 Teile Kölnisch Wasser, 32 Teile Spiritus und etwas Nelkenöl zugesetzt wurde.*

Wespen fängt man in weithalsigen Flaschen, *in die man verdünnten Fruchtsaft füllt. Diese Flaschen hängt man an Bäume und Spaliere. Nach kurzer Zeit sammeln sie sich darin und können so vernichtet werden.*

Mäuse vertreibt man mit sichtbarem Erfolg,
- *indem man Oleanderblätter zu Pulver zerstößt, mit trockenem Sand vermischt und sodann in die Löcher streut,*
- *oder auch, indem man Kampfer in die Löcher gibt,*
- *oder Pfefferminzbüsche und wilde Kamille auslegt.*

Mäuse hält man ebenso vom Garten fern, *wenn man darin Zwiebeln pflanzt.*

Mäuse kann man auch einfangen, *indem man Fallen mit geröstetem Speck aufstellt, die vorher ausgekocht und mit Speck abgerieben worden sind.*

Ratten vertreibt man erfolgreich
- *durch Auslegen von blühender Hundszunge,*
- *oder von frischen Meerzwiebeln,*
- *oder aber von kurz geschnittener Baldrianwurzel,*
- *oder auch durch in Teer getauchte Lappen, die man auslegt, und mit denen man die Löcher verstopft.*

Fig. 41 Praktische Ratten- und Mäusefalle, bestehend aus einem großen Topf mit einem Holzdeckel, über dessen Öffnung ein Fallbrett angebracht ist, an dessen Ende der Köder (Speck oder Brot) aufgehängt werden kann. Der Topf wird zu einem Drittel mit Wasser gefüllt, etwas Weizenmehl darüber gestreut und ins Erdreich oder eine zuvor geschaffene Vertiefung im Boden eingelassen. Nähert sich nun das Tier dem Köder, so kippt das Fallbrett durch das Eigengewicht des Tieres nach innen, so daß selbiges in den Topf fällt und in diesem nicht mehr zu retten ist.

Blattläuse an jungen Trieben vertreibt *man durch Bestreichen mit einer Tabakbrühe, zu der man Zigarren- und Zigarettenstummel und andere Tabakreste siedet.*

Vor Ameisen bleibt man im Freien bewahrt, *wenn man sich auf eine grobwollene Decke legt.*

Ameisen nehmen Reißaus *vor ausgestreutem frischem Kerbelkraut oder Pottasche, die mit Zucker vermischt wird.*

Ameisen gelangen gar nicht erst in den Küchenschrank, *wenn man dessen Füße in mit Wasser gefüllte kleine Blumentopfuntersätze stellt.*

Ameisen fängt die Hausfrau mit List und Tücke, *indem sie gezuckertes, schales Bier in flachen Tellern aufstellt, oder starke Seifenlauge, in die sie Zucker rührt.*

Holzwürmer lassen sich einfangen, *indem man in die Nähe der Löcher Eicheln legt, deren Geruch die Würmer anzieht.*

Holzwürmer entfernt man auch *durch Einpinseln der befallenen Stellen mit Terpentinöl, Karbolsäure oder Benzin.*

Allerlei nützliche Ratschläge und Anweisungen

dem Hausherrn zugedacht

„Die Hausmutter“ heißt das Buch, in dem die folgenden Ratschläge festgehalten worden sind, die in dieser und ähnlicher Weise den jüngeren und älteren „Hausmüttern“ ans Herz gelegt wurden, damit sie ihrer sogenannten besseren Ehehälfte nicht die gute Laune verdürben. So ganz sicher scheint nicht, ob es sich vielleicht um einen Scherz gehandelt haben könnte. Aber: dem ist nicht so. So – und leider nicht anders – sah man die Stellung der für die Ordnung im Hause zuständigen Frau. Ihre Arbeit war die ihrer Hände. Mehr nicht.

„Noli me tangere – das wäre die Überschrift, welche man über das Zimmer des Hausherrn setzen müßte, wollte man den Klagen, Wünschen, Befehlen vollständig Rechnung tragen, welche die Herren der Schöpfung laut werden lassen über die Störenfriede, die in ihr Allerheiligstes eindringen und in übel angebrachtem Eifer Ordnung stiften wollen, wo Ordnung Unordnung und die genialste Unordnung eben die wahre, richtige Ordnung heißt.

Doch Scherz beiseite: Scheuer- und Aufräumewut können einen Mann in der Tat zur Verzweiflung bringen. Es gibt nicht leicht eine ärgerlichere Überraschung, als wenn der Hausherr, nichts ahnend, von einem Ausgange heimkommt und in seinem Zimmer das Oberste zu unterst gekehrt und kein Fleckchen findet, wo er nach getaner Tagesarbeit die müden Glieder zum Ausruhen ausstrecken kann.

Und doch ist diese Überraschung kaum so unangenehm, als wenn er das Zimmer nach längerer Abwesenheit fein säuberlich findet. Nirgends ein Stäubchen. Aber o weh! Die Noti-

zen, die er gesammelt und unter den Briefbeschwerern verwahrt hat, sind verschwunden; als wertloses Papier sind sie zuerst in den Papierkorb und von dort in den Ofen gewandert. Es ist wahr, er mag ein Buch, welches er will, von den Regalen nehmen, es ist tadellos sauber. Nur stehen die griechischen und römischen Klassiker auf den Köpfen, Jurisprudenz und Nationalökonomie, ältere und neuere Schriftsteller in schauererregender Verwirrung durcheinander.

Jede Frau, die ihren Gatten liebt und der daran gelegen ist, den Himmel ihrer Ehe vor jedem Wölkchen zu bewahren, sollte sich vor derlei Säuberungen daher hüten."

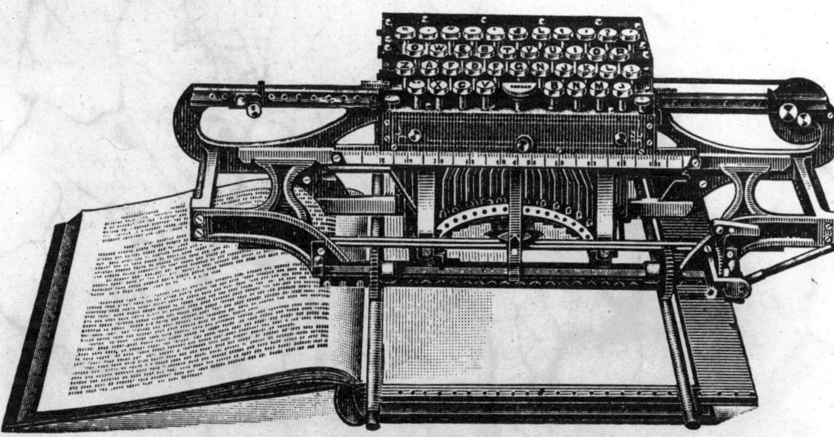

Fig. 42 Neuartige Schreibmaschine zum direkten Beschreiben von Büchern

Gute schwarze Tinte *bereitet der Hausmann aus 6 Quart Schnee- oder Regenwasser, 1 Quart französischem Weinessig und 1/4 Quart Branntwein, vermischt mit 3/4 Pfund der besten schwarzen, gröblich zerstoßenen Galläpfel. Er gibt noch etwas Salz dazu und läßt diese Mischung 14 Tage stehen. Häufiges Schütteln ist notwendig. Dann gibt er sie durch ein Tuch, tut 3/4 Pfund grünen Vitriol und 3/4 Pfund arabischen Gummi dazu.*

Schöne rote Tinte *läßt sich herstellen, wenn man Karminrot in Salmiakgeist löst, filtriert und einige Monate im Dunkeln aufbewahrt, bis die Tinte ihre volle Schönheit erreicht hat.*

Leuchtende Tinte für besondere Anwendungen *mischt man aus 1 Teil pulverisiertem phosphorsaurem Kalk mit 1 Teil Leinöl. Die Mischung muß der Sonne ausgesetzt werden. Es ergibt eine im Dunkeln leuchtende Schrift.*

Unvertilgbare Tinte *gewinnt man aus 1 Teil Honig, 14 Teile Wasser, 2 Teilen englischer Schwefelsäure, die man gut miteinander vermischt. Dann setzt man soviel in Schwefelsäure aufgelösten Indigo zu, daß die Flüssigkeit hinreichend gefärbt ist. Hat man mit derselben mittels einer Gänsefeder geschrieben, so wird das Papier so lange auf einem geheizten Ofen erwärmt, bis die Schrift vollkommen schwarz erscheint. Dann benetzt man das Papier mit Salmiakgeist.*

Tintenpulver für den Hausgebrauch *stellt man her aus 20 g Galläpfel, 24 g Eisenvitriol, 12 g arabisches Gummi und 4 g Campecheholz, das man gut pulvert. Zur Tintenherstellung vermischt man davon eine beliebige Menge mit Bier.*

Geheimschriften *schreibt man mit schwacher Schwefelsäure. Hält man das Papier über eine Lampe, so erscheint die Schrift schwarz. Ansonsten ist sie unsichtbar.*

Stark verblichene Tinte *auf alten Papier- und Pergamentdokumenten frischt man folgendermaßen auf: Man kocht 1 Teil pulverisierte Galläpfel mit 8 Teilen Wasser auf und gibt noch 8 Teile Weingeist dazu. Mit einem Pinsel bestreicht man damit die verblaßte Schrift dann wieder lesbar wird.*

Häßliche Tintenflecken in Büchern *entfernt man mit einer Mischung von gestoßenem Alaun mit Pomeranzensaft. Man streicht diese Mischung auf die Flecken, läßt sie trocknen und bürstet sie dann ab.*

Fig. 43 Mörser

Bleistiftschrift bleibt dauerhaft, wenn man sie mit Magermilch überpinselt.

Radieren kann man hervorragend mit einem alten, harten Badeschwamm.

Aufgeklebte Briefmarken kann man wieder ablösen, indem man die Innenseite des Papiers anfeuchtet.

Zusammengeklebte Briefmarken bügelt man unter durchsichtigem Papier mit einem heißen Eisen. Sie lassen sich danach leicht trennen.

Briefe, über Wasserdampf gehalten, lassen sich heimlich öffnen und mit Eiweiß wieder absolut sicher verschließen.

Unlöslichen Siegellack stellt man her aus 5 Teilen gelbem Wachs und 1 Teil Carmanbawachs, die man zusammenschmelzt. Dann gibt man 5 Teile Mennige und 2 Teile Schlämmkreide unter Umrühren dazu.

Fig. 44 Gasbeheizte Lackpfanne

Stempel reinigt man vorzüglich
– mit einer alten Zahnbürste und Petroleum,
– oder man drückt sie in flüssigen Siegellack, der nach dem Erkalten allen Schmutz festhält.

Farbbandflecke *entfernt man am allerbesten mit Spiritus.*

Eselsohren und Falten im Papier *lassen sich entfernen, indem man das Papier vorsichtig anfeuchtet und unter Löschpapier glattbügelt.*

Fettflecken in Büchern und auf Bildern *entfernt man folgendermaßen: Man mischt kohlensaure Magnesia mit Benzin, bis man eine dicke Masse hat. Diese streicht man auf die Rückseite der Bilder bzw. auf den Fettfleck des Buches. Nach dem Trocknen läßt sich die Magnesia, die das Fett aufgesogen hat, leicht abbürsten.*

Schmutzige Ledereinbände von Büchern *reinigt man mit Benzin, dem man etwas Terpentinöl beimischt.*

Spielkarten reinigt man *mit einem weichen Lappen und einer Lösung aus gleichen Teilen Wasser und Salmiakgeist.*

Schiefertafeln *müssen gelegentlich abgeseift und dadurch vom Fett befreit werden.*

Ölgemälde reibt man mit einer rohen Kartoffel ab. *Dabei schneidet man die schmutzig werdenden Scheiben immer wieder ab und verfährt weiter, bis die Kartoffel sauber bleibt. Leicht nachwischen mit einem feuchten Schwamm und trocknen lassen;*

Kupferstiche, die ihren Glanz verloren haben, *legt man zwischen Briefpapier und bügelt von beiden Seiten mit mittlerer Hitze darüber.*

Vergoldete Bilderrahmen
- *lassen sich gut mit Molke putzen,*
- *oder mit einem Wattebausch, den man in Spiritus oder Salmiakwasser tränkt.*

Tabak, Zigarren und Zigaretten trocknen nicht aus, *wenn man in die Kiste einige Scheiben roher Kartoffeln oder einen Apfel legt.*

Kerzen lassen sich leicht und gerade in Leuchter stecken, *wenn man sie vorher in heißes Wasser taucht.*

Weihnachtskerzen tropfen nicht, *wenn man sie vor Gebrauch etwa 1 Stunde in Salzwasser legt und nachher von selbst trocknen läßt.*

Klaviertasten *lassen sich schonend mit Spiritus reinigen.*

Filzeinlagen in Klavieren *schützt man vor Mottenfraß, indem man sie mit Pfeffer bestreut.*

Nachtlichte stellt man wohlfeil aus Roßkastanien her: *Man durchbohrt sie an verschiedenen Stellen, trocknet sie aus und legt sie 24 Stunden in irgendein Brennöl. Will man Gebrauch davon machen, zieht man kleine Dochte von Baumwolle, welche man mit oxydiertem Fett getränkt hat, durch die Löcher. Dann setzt man die Kastanien auf Wasser, wo sie schwimmen, und zündet den kleinen Docht an.*

Eine Nachtlampe kann man sich leicht selbst herstellen: *Man nimmt dazu 1/4 Pfund ausgeschmelzten Rindsnierentalg, 1/4 Pfund ausgeschmelzten Hammelstalg, 1/4 Pfund weißen Wachs, 4 Lot venetianisches Terpentin und läßt alles zusammen in einem Tiegel schmelzen. Wenn die Mischung etwas abgekühlt ist, gibt man sie in ein größeres Bierglas und steckt in die Mitte ein Stück Wachsstock, das ein wenig länger als das Glas tief ist. Nach dem Erkalten kann dieses vorzügliche Nachtlicht in Gebrauch genommen werden.*

Wasserbeständigen Leim *stellt man her, indem man 8 Teile Tischlerleim in 32 Teilen Wasser kocht, dann 90 Teile Leinöl zusetzt und das Ganze noch einige Minuten unter Umrühren kochen läßt.*

Fig. 45 Verbesserter Spartopf für Kleister und Farbe, dessen Deckel, an welchem der Pinsel in beliebiger Höhe festgeschraubt werden kann, als Handschutz dient. Auf diese Weise taucht der Pinsel nicht tiefer als nötig in die Flüssigkeit ein.

Vorzüglichen Kleister *von besonderer Haltbarkeit erhält man, wenn man 240 g Roggenmehl und 30 g Gummi arabicum in 240 g kaltem Wasser knetet, dann 1/2 l kochendes Wasser zuschüttet und das Ganze so lange erhitzt, bis es genügend dick ist. Wenn die Mischung nahezu kalt ist, werden noch 60 g Glyzerin und 40 g Nelkenöl zugegeben.*

Papier auf Blech *klebt man mit einer Mischung aus 30 g fein gestoßenem Kandis und 100 g Natron-Wasserglas.*

Lockere Messergriffe *lassen sich in den Heften wieder befestigen mit flüssig gemachtem Kolophonium, welches man in die Zwischenräume gießt,*

Pfeifenbeschläge *macht der Pfeifenraucher wieder fest mit feingekauter schwarzer Brotrinde, der er Zucker oder Honig zusetzt.*

Zerbrochene Pfeifenköpfe *lassen sich am besten kitten mit einer Mischung aus Quark und gebranntem Kalk.*

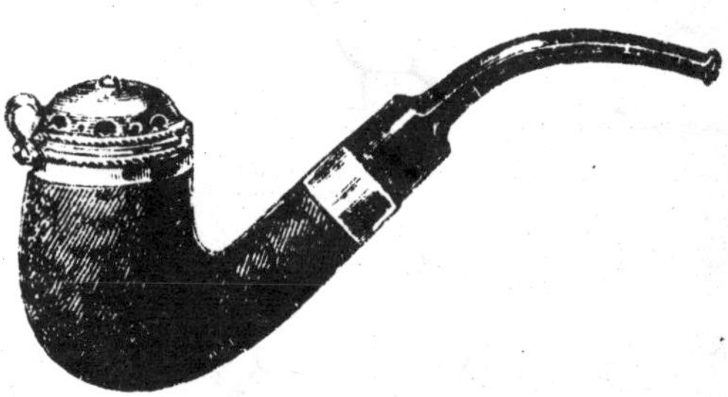

Fig. 46 Shagpfeife mit Hartgummimundstück und vernickeltem Deckel.

Gebrochene Lampenzylinder *werden bevorzugt mit Knoblauchsaft gekittet. Man bestreicht damit die Bruchstellen, fügt die Stücke gut aneinander, umwickelt die Stelle mit Bindfaden und läßt alles an einem warmen Ort härten.*

Linoleumkitt *bereitet die erfahrene Hausfrau aus 1 Teil venetianischem Terpentin und 2 Teilen gesiebtem Roggenmehl, welches man mit soviel kochendem Wasser anrührt, bis ein dicker Teig entsteht.*

Gebrochenen Marmor *kann man leicht wieder zusammenfügen mit einer Masse aus 200 g Zement, 100 g Schlämmkreide, 35 g Kieselgur, das man gut vermischt und dann mit soviel Natronwasserglas anrührt, bis ein dicker Brei entsteht.*

Glaserkitt kann man im Notfall selbst herstellen
- *aus einem Gemisch bestehend aus 1 Teil zerfallenem Kitt, 2 Teilen Roggenmehl und 2 Teilen Leinöl,*
- *oder man mischt 5 Teile Leinölfirnis mit 3 Teilen Schlämmkreide und 3 Teilen Bleiweiß.*

Holzkitt gewinnt der Fachmann
- *aus 60 Teilen Schweinefett, 40 Teilen Kochsalz, 33 Teilen weißem Wachs, verrührt alles bei gelindem Feuer und gibt 40 Teile gesiebte Holzasche dazu,*
- *oder aus einem Brei aus 1 Teil Gummi, 2 Teilen Wasser und 3–5 Teilen Kartoffelstärke,*
- *oder aus 100 Teilen Quark und 25 Teilen gebranntem Kalk,*
- *oder aus Fischleim, der bis zur Dickflüssigkeit in heißem Essig aufgelöst wird.*

Kitt für Ofenkacheln stellt man selbst her
- *aus einer Mischung von frisch gebranntem Gips und Anthrawurzel. Diese wird mit Wasser zu Brei angerührt, mit einem Pinsel auf die Bruchflächen aufgetragen und beide Kachelteile bis zur Erhärtung zusammengehalten;*
- *oder, wenn weiße Ofenkacheln gekittet werden sollen, aus Schlämmkreide und Eiweiß;*
- *oder auch aus einem steifen Brei aus in heißem Wasser aufgelöstem Kochsalz und Kartoffelmehl.*

Ein gesprungenes Aquarium *kittet der Liebhaber von Wassertieren mit einer Mischung aus fein gepulvertem Schwefel, Bimsstein und Schellack, die man zu gleichen Teilen zusammengibt und warm anrührt. Die Mischung wird auch in warmem Zustand angewendet.*

Petroleumlampen *rauchen nicht, wenn man den Docht vor dem Gebrauch einige Stunden in Essig legt und wieder trocknen läßt.*

Vergoldungssalbe für Zinksachen stellt man folgendermaßen her: *100 g Schmalz und 32 g Hirschtalg werden in einem Topf geschmolzen, in einem anderen das Weiße von einem Ei, 16 g Nußöl und 3 Tropfen Meerzwiebelsaft sorgfältig untereinandergerührt und zu der bereits etwas erkalteten Fettmasse geschüttet. Man rührt und schlägt dann das Ganze so lange, bis es sich nicht mehr an die Wände des Gefäßes hängt. Hiermit kann man auf einfache Weise Zink und verzinkte Gegenstände vergolden.*

Bereitung von Honig-Met: *Man lasse in einen recht reinlichen, kupfernen Kessel 60–65 Liter* weiches *Wasser bringen. Ist dies ziemlich warm geworden, so werden etwa 6 Liter Honig hinein gerührt, und man läßt Wasser und Honig recht gelinde 1 1/2 Stunden sieden. Zeitweilig wird der schmutzige Schleim, der sich oben ansetzt, abgeschöpft. Ist die Zeit des Siedens vorbei, so wird das Honigwasser in blechernen oder irdenen Geschirren ausgeschöpft. Sobald dieses dann so weit abgekühlt ist, daß es noch mehr Wärme hat als jenes Wasser, das in starker Sonnenhitze erwärmt wurde, so wird es in ein sehr sorgfältig gereinigtes Faß gebracht, der Spund wird darauf gelegt, aber nicht befestigt. Ist der Keller ziemlich warm, dann beginnt nach 5–10 Tagen die Gärung. Nach ungefähr 14 Tagen wird dieser junge Met in ein anderes Faß abgezogen – die Hefe muß natürlich zurückbleiben.*

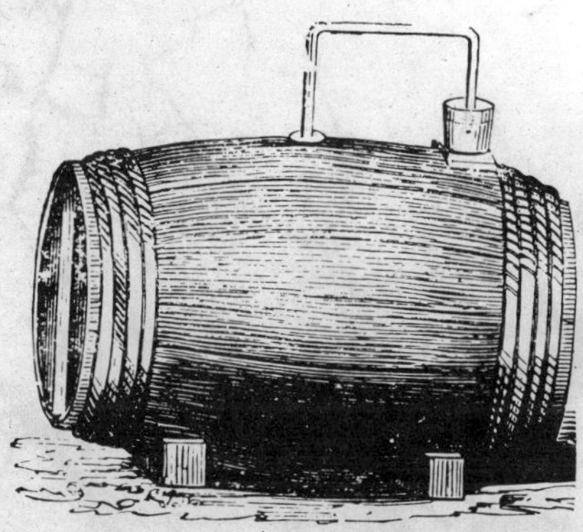

Fig. 47 Gärfaß zur Metherstellung.

Im zweiten Faß dauert die Gärung ungefähr 10 bis 14 Tage, und wenn der Honigwein ganz ruhig wird, daß man im Fasse nichts mehr hört, dann wird das Spundloch geschlossen. Nach 3–4 Wochen kann dann der Met hell und trinkbar auf Flaschen abgezogen werden. Gut verkorkt und in kalten Sand gebracht, moussiert er in einigen Tagen ziemlich stark.

Dieser so zubereitete Met ist nicht allein ein sehr gutes und kräftiges Getränk für Gesunde, sondern wird, da er leicht gekühlt gehalten wird, auch von Fieberkranken gern getrunken.

Allerlei nützliche Ratschläge und Anweisungen

Pflanzen und Garten zu hegen

Der gut gefüllte Vorratskeller war immer schon ein Thema. Ein Stolz auch für die Hausfrau und damit auch der gut genutzte Garten. Die Versorgung eines Haushaltes hatte ganz andere Gesetzmäßigkeiten als heute – damals, als die Konservierungsmethoden noch andere waren, als es im Sortiment der Lebensmittelhändler noch k e i n e Tiefkühlkost und Fertiggerichte gab. Nach welchen Wertmaßstäben da die Hausfrau eingeordnet wurde, versteht sich von selbst.

„Nur diejenige Hauswirtschaft kann man für eine wohlbestellte halten, in welcher zu aller Zeit Vorräte von Dauerspeisen anzutreffen sind. Die bedachtsamsten Hausmütter sind daher diejenigen, welche die mancherlei Dauerspeisen ihres Hauses eine ihrer vornehmsten Sorgen sein lassen.
Vorräte von gebackenem Obste gehören unter die Dauerspeisen, welche am allerlängsten halten. Die reichen Obstjahre wechseln gemeinhin mit geringeren ab. Wenn das Obst reichlich und zu niedrigen Preisen zu haben ist, so sollte man seine Vorratskammer reichlich mit gebackenem Obste auffüllen.
Gebackenes Obst hält sich an die vier Jahre gut, wenn damit recht umgegangen wird. Auch städtische Hausmütter sollten sich die Wohlfeilheit des Obstes zu Nutze machen. Und zwar nicht nur, indem sie solches dörren. Auch das Einmachen der Früchte hat man schon in den allerältesten Zeiten gekannt. Gerade hierin erkennt man auch die sparsame und wahre Hausmutter, daß sie sich der Gedanken um die Erhaltung der Früchte befleißige und damit noch schönere Früchte der eigenen Arbeit ernte."

Fig. 48 Zweckmäßige Obstdarre mit Kohlenfeuerung zum Dörren von Früchten. Der Ofen darf zum Dörren nur mäßig warm sein, ganz besonders bei saftreichen Früchten, da diese sonst aufplatzen. Während des Backens müssen die bereits leicht angetrockneten Früchte ausgesucht und auf andere Horden an weniger warme Stellen gelegt werden, damit alle Früchte eine gleichmäßige Trocknung erfahren. Muß der Ofen nachgeheizt werden, so nimmt man die Früchte heraus, bis selbiger den richtigen Wärmegrad erreicht hat, da sonst die Früchte leicht verbrennen würden. Sie werden dann in Beuteln oder Fässern an einem trockenen Ort aufbewahrt.

Obstbäume, *die bei Vollmond gereiset oder gepfropfet werden, tragen schneller und bekommen besonders große Früchte.*

Volles, frisches Obst *erntet man, wenn die Bäume am Tage vor dem Pflücken tüchtig begossen werden.*

Fruchtbäume schützt man vor Sperlingsfraß, *indem man eine Spule weißen Zwirn kreuz und quer über den betreffenden Baum wirft. Die Sperlinge bleiben mit den Flügeln darin hängen.*

Ein Walnußbaum gedeiht nur gut *bei freiem Stand und trägt erst nach 20 bis 22 Jahren.*

Kartoffeln faulen häufig *in sehr feuchten Jahren und bindigen Böden. Dieser Übelstand kann dadurch sehr gemildert werden, wenn man zwischen den Kartoffeln in denselben Reihen Pferdebohnen mit auslegt, die vieler Feuchtigkeit bedürfen.*

Bohnen werden nur frühmorgens geerntet, *weil sie dann ihr Aroma behalten.*

Kürbis- und Gurkenkerne *werden vor der Aussaat eine Nacht in Milch eingeweicht.*

Mohrrüben werden besonders süß, *wenn man die Samen vor der Aussaat 3–4 Tage in Honigwasser ziehen läßt.*

Knollenpflanzen *müssen alle paar Jahre versetzt werden, möglichst weit auseinander, da zu eng stehende Pflanzen nicht blühen.*

Pflanzt man Hanf um Gemüsebeete, *dann ist dieses gegen Raupen und Insekten geschützt.*

Spitzmäuse *soll man nicht töten, da dieselben von Schnecken, Würmern und Insekten leben.*

Gute Düngung bereitet man selbst *aus abgegossenen Teeblättern, die man mit Blumenerde vermischt. Auch abgeschnittene Haare und Nägel eignen sich vorzüglich dafür, ebenso Tabak- und Zigarrenasche.*

Fettes Gras erhält man in den Gärten, *wenn man jedes dritte Jahr die Fläche mit Pferdeblut düngt.*

Unfruchtbare Flecken *im Garten bearbeitet man bald nach dem Winter. Sobald der Schnee aufgetaut ist, kehrt man die Fläche gut mit dem Besen und streut Hühner- und Taubenmist darüber.*

Feinste Samen *vermischt man mit trockenem Sand – sie säen sich leichter und gleichmäßiger.*

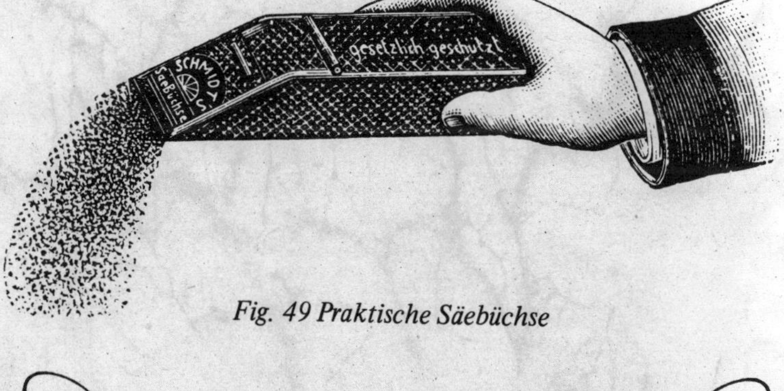

Fig. 49 Praktische Säebüchse

Meltau und anderes kleines Ungeziefer *vernichtet man, wenn man etwa 1/2 Kilo Kochsalz auf einen großen Eimer Wasser löst und damit die befallenen Pflanzen besprengt.*

Raupen an Beerensträuchern *vernichtet man, wenn die Sträucher noch nicht zu stark befallen sind, durch Übergießen mit Seifenlauge.*

Raupen an Rosensträuchern *vernichtet man, wenn man die nassen Sträucher mit Tabakasche bestreut.*

Sollen Rosen besonders wohlriechend werden, *so pflanze man dicht an den Stamm reichlich Knoblauch – so, daß die Wurzeln einander berühren.*

Will man Rosen halb rot und halb weiß machen, *so verdeckt man die eine Hälfte gut, zündet dann ein Schwefelkerzlein an und läßt den Rauch an die andere Rosenhälfte ziehen. Sie färbt sich weiß.*

Wer auch im Winter Rosen in Schalen stehen haben will, *der köpfe die Blüten noch vor dem Aufblühen, lege sie in einen Topf und stelle sie bis zum Winter sehr kalt. Will man die Stube damit schmücken, so legt man die kalten Blüten kurz auf einen Ofen oder in warmes Wasser. Sie erblühen sofort.*

Topfpflanzen *werden mit Wasser begossen, in welchem Tischlerleim mindestens 1 Tag gelegen hat. Laufend neu aufgießen. Die Pflanzen gedeihen üppig.*

Schnittblumen bleiben länger frisch,
- *wenn man beim Begießen etwas Salmiakgeist hinzugibt,*
- *oder wenn man eine Kupfermünze oder aber auch eine Aspirin in die Vase wirft.*

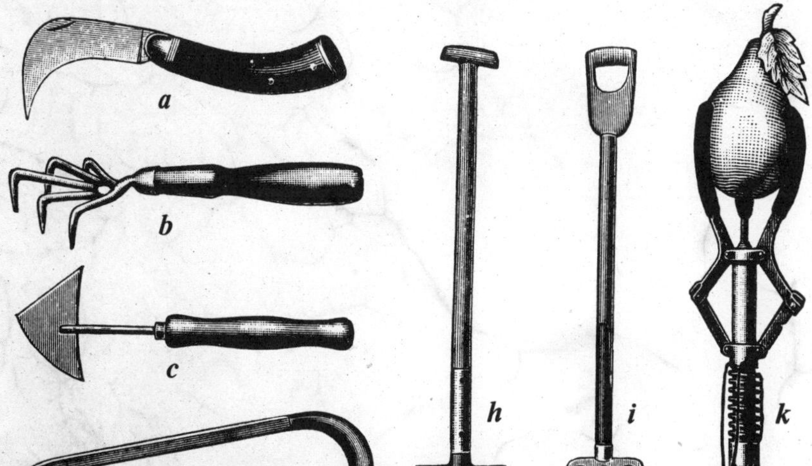

Fig. 50 Wichtige Gartengeräte: ***a*** *Gartenmesser* ***b*** *Jätegabel* ***c*** *Baumkratzer* ***d*** *Baumsäge* ***e*** *Okuliermesser* ***f*** *Kopuliermesser* ***g*** *Maulwurfsfalle* ***h*** *Stahlspaten* ***i*** *Gartengabel* ***k*** *Obstpflücker* ***l*** *Blumenschere* ***m*** *Handspritze*

Freie Gartenwege ohne Unkraut *lassen sich leicht schaffen, indem man sie regelmäßig, vor allem bei trockenem Wetter, mit Salzwasser begießt.*

Gartengeräte rosten nicht so schnell, *wenn man sie mit einem Brei aus 3 Teilen ausgelassenem Speck und einem Teil darin geschmolzenem Harz bestreicht.*

Eine Sichel läßt sich selbst herstellen, *indem man ausgediente Rasierklingen an der halben Runde eines kantigen Kleiderbügels anbringt. Den Aufhängehaken entfernt man.*

Eine Gartenwalze für den Hausgebrauch *kann man selber bauen. Sie besteht aus einer ausgedienten Tonröhre (1 m oder weniger). Die Röhre wird aufrecht auf ein Brett gestellt, in die hohle Mitte kommt ein Besenstiel, derart lang, daß er 10 bis 15 cm über beide Röhrenenden hinausreicht. Das Innere der Röhre wird ausgefüllt mit einer Betonmischung aus Zement, Kies und Wasser, die in wenigen Tagen hart wird. An den beiden hervorstehenden Stabenden wird dann ein Strick befestigt, und man besitzt die vorzüglichste Gartenwalze.*

Allerlei nützliche Ratschläge und Anweisungen

den Wetterhahn zu ersetzen

Tagtäglich haben wir heute auf vielfache Weise unsere Wetterkarten und -vorhersagen im Haus und können uns auf kommende Tage einrichten. Dennoch: überholt sind die guten alten Regeln mit dem Wetterhahn und den -fröschen nicht. Nicht umsonst geistern „Bauernregeln" auch heute noch durchs Jahr. Der alte Text, so überholt seine Sprache auch sein mag, hat nichts an Gültigkeit verloren.

„Wetterregeln mögen gemeinhin nicht zur Haushaltung gehören. Ist man doch den Ereignissen des Himmels ausgeliefert, ohne eingreifen zu können.
Zur Haushaltung gehört aber auch eine gewisse Vorratshaltung und die Planung bevorstehender Zeiten. Erkrankte Hausgenossen bereiten der Hausmutter nicht nur vielfältige Mühe, sie können auch Kosten und Unbill erzeugen.
Daher sei es angeraten, die Zeichen wahrzunehmen, nach denen man das Wetter vorherzusagen vermag. Gestirne und Wolken vermögen ebenso Propheten zu sein wie allerlei Getier. Man muß ihre Sprache nur zu lesen verstehen.
Es empfiehlt sich daher, Beobachtungen besonderer Art aufzuzeichnen, damit man an ihnen in folgenden Zeiten die eigenen Erfahrungen abzulesen vermöge."

Wenn Hunde in der Erde graben *und scheinbar grundlos heulen, muß man mit Unwetter rechnen.*

Frösche, die tagsüber quaken, *verkünden schlechtes Wetter.*

Junge Hühner, *die großen Lärm machen und sich im Sand oder Staub wälzen, spüren, daß Regen kommt.*

Spinnen, die untätig in Schlupfwinkeln hocken, *künden von kommendem schlechten Wetter. Sehr rege Spinnen zeugen von bevorstehendem schönen Wetter.*

Ameisen, die besonders unruhig hin- und herrennen, *zeigen schlechtes Wetter an.*

Mistkäfer, die in der Luft herumschwirren, *gelten als Verkünder von schönem Wetter.*

Raben und Krähen, *die laut schreiend in Schwärmen fliegen, bringen Regen mit sich.*

Fig. 51 Neuer Wetterkompaß von Klinkerfues zur sicheren Vorherbestimmung des Wetters, vereinigt das herkömmliche Barometer und Hygrometer

Wenn die Schwalben tief fliegen, *dann gibt es meistens Regen.*

Rindviecher zeigen Regen an, *wenn sie sich gen Süden stellen, häufig ihre Füße belecken und zum Stall drängen.*

Hochspringende Fische *weisen auf schlechtes Wetter hin.*

Besonders Blutegel gelten als sichere Wetterpropheten: *Halten sich dieselben am Boden eines 1/2 Liter fassenden und zu 3/4 mit Wasser gefüllten Glases ruhig, so gibt es gutes Wetter. Gibt es Regen, so steigen sie an die Oberfläche. Bei Wind werden dieselben unruhig. Kommen Gewitter auf, so finden wir sie oben unter der Leinenabdeckung, mit der das Glas verschlossen wird. Das Wasser ist jede Woche zu erneuern und auf Zimmertemperatur zu erhalten.*

Weite Sicht am Morgen *ist meistens von kurzer Dauer und kündigt schlechtes Wetter an.*

Morgentau *ist gewiß ein Vorbote von schönem Wetter.*

Nebel n a c h dem Sonnenaufgang *ist ein sicheres Zeichen für gutes Wetter.*

Abendrot *macht das Wetter des nächsten Tages gut. Morgenrot bringt schlechtes Wetter.*

Geräusche aus weiter Ferne, *die gut zu hören sind, gelten als Vorboten schlechten Wetters.*

Wie der Sommer wittert, so wittert auch der Winter *– allerdings im Widerspiel. Auf einen heißen Sommer, folgt ein kalter Winter – auf einen kühlen Sommer folgt ein milder Winter.*

Fig. 52 Ist das Meer an der Oberfläche still, brummelt und murmelt es aber darunter, so zeigt dies starke Winde an.

Sticht die Sonne im Sommer *und bringt sie große Schwüle, dann ist mit schlechtem Wetter zu rechnen.*

Taucht die Sonne des Abends in schwere Wolken*, so gibt es schlechtes Wetter.*

Neumond, der golden erscheint*, bringt schönes Wetter. Leuchtet er rot, wird es viel Wind geben, ist er hingegen bleich, so ist mit Regen zu rechnen.*

Legt sich ein Wind sehr plötzlich*, dann wird es Regen geben.*

Ein Regenbogen bedeutet gemeinhin gutes Wetter*. Hat es zuvor aber n i c h t geregnet, so soll man sich auf drei Tage Regen einrichten.*
Gibt es einen zweifachen oder doppelten Regenbogen, so kann man sicher sein, daß eine Regenzeit folgen wird.

Nachrede

„Das Publikum als Autor unterrichten mit Geist und Anmut, ist zwar schwer. Jedoch sein Haus von allen seinen Pflichten als Mutter und als Frau und täglich unterrichten durch Wort und Beispiel, das ist mehr!“

Generationen von Frauen haben diese Worte Gellerts gelesen, niedergeschrieben in Ratgebern und Frauenbüchern, Vorworte meist zu alltäglich Nützlichem.
Generationen auch haben sich an dieser Antwort orientiert, wie man denn seine Töchter zu erziehen habe:

„Gebt ihnen eine ordentliche Schulbildung. Lehrt sie ein nahrhaftes Gericht zu kochen. Lehrt sie waschen, bügeln, Strümpfe stopfen, Knöpfe annähen und ihre eigenen Kleider machen. Lehrt sie Brot backen und daß eine gute Küche viel an der Apotheke spart. Lehrt sie, daß eine Mark 100 Pfennig wert ist, und daß nur der spart, der weniger ausgibt, als er einnimmt, und daß alle, die mehr ausgeben, verarmen müssen. Lehrt sie, daß ein bezahltes Kattunkleid besser kleidet, als ein seidenes, wenn man Schulden hat.

Lehrt sie, daß sie Gottes Ebenbild mit starkem Schnüren des Leibes bloß verderben können. Lehrt sie einfachen, gesunden Menschenverstand, Selbstvertrauen, Selbsthilfe und Arbeitsamkeit – und, wenn ihr Geld dazu habt, auch Musik, Malerei und alle Künste. Lehrt sie allen bloßen Schein verachten, und daß, wenn man nein oder ja sagt, man es auch wirklich so meinen soll. Lehrt sie, daß das Glück in der Ehe weder von dem Äußeren noch von dem Gelde des Mannes abhängt, sondern allein von seinem Charakter.

Nachrede

Habt ihr ihnen das beigebracht, und haben sie's verstanden, dann laßt sie, wenn die Zeit gekommen ist, getrost heiraten. Sie werden ihren Weg dahin schon allein finden. . .“

So manche fand dann den Weg „dahin“ doch nur mithilfe voluminöser Schriften, von Marie Susanne Kübler zum Beispiel oder Elise Hannemann, Amalie Seidel oder Anna Plothow. Und vielen anderen. Die „Hausmutter“ gehörte zur Aussteuer oder „Haus und Herd“, „Das häusliche Glück“ oder so manches Töchter- und Frauenbuch.

Sie gleichen sich alle, die kernigen Worte zur vielfältigen Aufgabe der Hausfrau, die Belehrungen und Aufrufe zur selbstlosen Pflichterfüllung, die praktischen Ratschläge schließlich auch, die helfen sollten, die große Unbill des Alltags möglichst mühelos zu meistern.

Sämtlich aber zeichnen diese Schriften zweierlei aus: Zum einen das Bild einer vom Mann abhängigen, wenig selbständigen, zuweilen wenig gebildeten Person, die nun so plötzlich so viele Ruder in ihre Hände nehmen mußte. Zum anderen eine Lebenssituation, die im Gegensatz zu heutigen Zeiten weitaus mehr Mühen, Gefahren und Beschwerlichkeiten in sich barg.

Die Frau vergangener Tage muß wohl besser gewesen sein als das Bild, was so mancher gern von ihr zu geben versuchte. Anders hätte sie sonst das alles nicht bewältigen können, was die Ratgeber ihr ins Hausstandsbuch geschrieben haben. Manche von ihnen muß wohl auch schon auf ihre Weise emanzipiert gewesen sein und sehr wohl das erreicht haben,

Nachrede

wozu eine weitsichtige Ratgeberin schon vor Generationen aufrief: „*Die Pflicht der modernen Frau, von der sie nichts mehr entbindet, ist es, sich selber und ihre Kinder durch Selbstdenken zu dem zu erziehen, was allein sie befähigt, ihren Platz im Haus, in der Familie, in Beruf und Gemeinde voll auszufüllen: zur Persönlichkeit.*“

Dieses Buch, eine Fundgrube altbewährter Ratschläge für Haus und Hof und auch lehrreicher Anweisungen zur Lebens- und Haushaltsführung, gibt nur eine kleine Auswahl aus einer viel größeren Zahl überlieferter Schriften wieder. Es ist zu wünschen, daß der eine oder andere Ratschlag wiederentdeckt und erneut ausprobiert wird (seltene Zutaten versuche man in der Apotheke oder Drogerie zu erhalten) und Zeugnis davon gibt, mit welch einfachen und dennoch wirksamen Hausmitteln man sich früher zu helfen wußte. Möge besonders aber hinter allem der M e n s c h von gestern in seinem beschwerlichen Alltag gesehen und verstanden werden – allen voran die Frau in ihrer so zwiespältigen Rolle.

Jutta Kürtz

Notizen

Notizen

Notizen

Notizen

In dieser Reihe erschienen:

Altbewährter Ratgeber für Haus und Hof

Köstliches aus der alten rheinländischen Küche

Köstliches aus der schwäbischen Küche

Köstliches aus der alten friesischen Küche

Köstliches aus der bayerischen Küche

Köstliches aus der alten Berliner Küche

Köstliches aus der norddeutschen Küche

Wie man sparsam zu haushalten pflegt

Köstliches aus der niedersächsischen Küche

Köstliches aus der alten westfälischen Küche

Köstliches aus der hessischen Küche